尾家建生
高田剛司
杉山尚美　著

ガストロノミー ツーリズム

食文化と観光地域づくり

Gastronomy Tourism

JN058785

学芸出版社

はじめに

　本書は、地域の「食」の体験を目的としたフードツーリズムと、そのフードツーリズムを進化させることによって生まれたガストロノミーツーリズムについて解説したものである。

　旅行先の食べ物や飲み物——それらの生産、加工、料理、直売等に関わる供給者による体験プログラム、飲食サービス、フェスティバルを通じて都市や地域の味覚を楽しむフードツーリズムは、21世紀初頭から欧米を中心に世界的に広がった観光形態であるが、特にその促進に力を入れてきた国連世界観光機関（以下、UNWTO^{注1}）は2016年に「ガストロノミーツーリズム」と呼称を改め、観光事業者や観光客への拡大を強化している。

　新型コロナ・パンデミック期間中、UNWTO は世界の観光産業界に向けてネット上で、〈UNWTO トラベル・トゥモロキャンペーン〉を発信してきたが、そのメッセージの一つはこう始まっている。

> 「ガストロノミーは食べ物以上のものです。それは、さまざまな人々の文化、遺産、伝統、共同体意識を反映しています。異文化間の理解を促進し、人々と伝統をより近づける方法なのです。ガストロノミーツーリズムは文化遺産の重要な保護者として注目されており、特に農村部での雇用を含む機会の創出を支援しています」（UNWTO、2020）

　近年、観光形態の多様化により、フードツーリズムはその場所のユニークな「食べ物」や「飲み物」の体験を通じて発達してきたが、デスティネーション（目的地）の「料理と文化」を体験し、理解し、記憶し、私たちのライフスタイルを豊かにし、観光地側の経済活性化に貢献できる観光として世界へさらに広がっている。しかし、分かりやすい「フード」ではなく、なぜ「ガストロノミー」でなければならないのか。

ガストロノミーという言葉は日本語では「美食術」や「美味学」と訳されているが、フード（食べ物、食品）のように日常的に使う言葉ではない。なぜならば、美食とは国語辞典には「ぜいたくなもの、うまいものばかりを食べること」（『広辞苑』）となっているからである。

　しかし、ガストロノミーの語源は2300年前の古代ギリシャの時代にさかのぼると言われており、時代によってその実態は変化してきた。ガストロノミーが王侯貴族の贅を尽くした宴会料理を示す時代もあったが、近代の産業革命やフランス革命を経て、現代のグローバル経済、技術革新、通信情報革命のなかで私たちにとっての「食」そのものが変貌してきた。

　ガストロノミーは200年前から西ヨーロッパ各国で使われてきたが、現在の欧米においてもむずかしい言葉であることに大差はない。しかし、日本語の辞書に見られるように「美食術」の美食が、贅沢な、お金をかけた、うまいものばかりを食べることを指しているだけではない。たとえば、スペイン語では食材、レシピ、調理技術、およびそれらの歴史的進化に関連する一連の知識と活動を指し、あるいは、よく食べ、美味しい料理と美味しいレストランを見つけ楽しむことへの情熱を意味する。フランス語では料理、ワイン、食事の注文などの美味しい料理の技術を意味する。イタリア語では、食品の調理に関する一連のルールと習慣、料理の技術を意味する。つまり、ガストロノミーとは人々が食べ物・飲み物とのあるべき関係を模索する言葉でもあるのだ。

　ガストロノミーという概念は「美味しい」を基準にしながらも、いわゆるフードの範疇を超えるものであり、文化、遺産、伝統、アイデンティティ、共同体を反映するものであることから、食品や料理の上位にある概念であると言える。現在、世界的に問題となっている「食品ロス」「水産資源の枯渇」や「農薬使用量の削減」などは、食文化に直接関わるガストロノミーの問題でもある。

　ガストロノミーの現代的意義は、200年余前にフランスで活躍したブリア・サヴァランが出版した『味覚の生理学』（邦題：『美味礼讃』）のなかにす

でに存在していると考えられる。ルイ14世の時代に最盛期だった美食から連想される快楽主義的要素は、現代においてはガストロノミーのすべてではない。食べることについての近代人のトップランナーであったブリア・サヴァランの描くガストロノミーの概念は、現代社会においても通用するものであり、現代に生きる私たちにとって、ますます重要になっている。

　つまり、地域において人間社会を活性化させ、健康にし、幸福にする原動力となるものがガストロノミーであると考えられる。ブリア・サヴァランはガストロノミーを整理された知識（食の学問体系）、一定の原理（料理術）およびコミュニティの原動力の三つの要素で定義し、ガストロノミーが地域や食生活のウェルビーイング（健康と幸福）の核となることを示唆している。

　ガストロノミーツーリズムが観光と地域、そして私たちのライフスタイルにどのような役割を持つのか、本書が地域の「食」と観光の発展を考える議論の端緒になれば幸いである。

2023年5月吉日

尾家建生

注

1　UNWTO : United Nations World Tourism Organization. 2024年1月より略称をUN Tourism に変更した。

参考文献

UNWTO（2020）#TravelTomorrow, Tourism & Gastronomy

https://www.unwto.org/gastronomy

目次

1章

フードツーリズムの誕生

フードツーリズムは2005年頃から欧米の一般メディアで使われ始めた用語である。第二次世界大戦後、先進国を中心に成長し続けた観光産業は、21世紀初頭には世界最大のグローバル産業ともてはやされた。そうした観光マーケットの成熟のなかでニューツーリズムの一つとしてフードツーリズムは登場し、観光開発の新しいビジネスチャンスと目され、旅行の新しいスタイルとなり、かつ観光研究の一分野となった。

　産業革命後のヨーロッパに始まった近代ツーリズムにおいて、食事自体が観光の主要な目的や動機になることはなかった。旅行には寝る場所とともに、食べ物を提供する宿泊施設や飲食店があれば事足りた。日常生活から逃れ、未知の地域や国を訪ね歩き、自然、歴史、風土、建造物、民族、名所など異文化に驚嘆し、休養することが旅行の動機であり目的であった。その場所の食文化を体験することは、関心ごとではなかった。

　しかし、1980年代の成熟したヨーロッパ観光のなかで、レストランでの食事の質が問われ始め、さらに、料理がその地域の文化にほかならないことを意識し始めると、旅行中の飲食への関心が生じ、観光市場の拡大とともに観光ビジネスの世界で飲食サービスを特徴とする観光開発が進められた。本章では、フードツーリズムと呼ばれる観光形態が出現するまでの食と観光の関係の歴史を振り返り、フードツーリズムの意味を探る。

1　観光の成長と食文化

　フードツーリズムは、1990年代のニューツーリズムのなかでも比較的新しい観光ジャンルである。ニューツーリズムとは、団体旅行を中心としたマスツーリズム後の個人、小グループでの細分化された観光のトレンド全般を指して言う。それまで各地の名所旧跡を訪ね歩いていた団体旅行を中心とした大衆観光は、リゾートの時代を経て、1980年頃から観光の成

熟とともに個人や小グループによる個性のある形態へと変化した。同時に航空の自由化、コンピューターの発達、インターネットの出現、消費市場の細分化などを背景として観光体験を求める新しい観光需要が主流となっていった。同時に、観光の新しい需要は個人の関心や興味を反映した新しい観光のスタイルを求めて、ニッチマーケットを生んでいった。

そうした傾向は、観光学者のプーンによって、団体旅行中心のオールドツーリズム（マスツーリズム）と対比されてニューツーリズムと呼ばれた。たとえば、農業と観光が結びついたグリーンツーリズム、生態系保護を意識し優先するエコツーリズム、文化遺産を重視したヘリテージツーリズム、人類の悲惨な歴史の現場を直視し学ぶダークツーリズムなど、観光と社会的課題の相互関係が一挙に広がった。

プーンは1993年に出版した『ツーリズム、テクノロジーと競争戦略』の冒頭で、そうした激変する観光業界をこう記している。

「観光産業は危機にある——変化と不確かさの危機、つまり、観光産業それ自身の急速な変化がもたらした危機である。2000年には、ツーリズムはかってあったようなものではなくなっているだろう」

そもそも、旅行中に食べたり飲んだりすることは日常の行為でもあり、少なくとも観光の動機や目的になるとは考えられてこなかった。さらに言えば、近代において食生活は「文化」であるとみなされてこなかった歴史がある。たとえば、日本では江戸時代に江戸、京都、大坂で100冊以上の料理書が出版されたが、料理技術そのものは文化であるとみなされても、食べること自体——いわゆる食生活そのものは文化とみなされてこなかった。食文化が学術分野として研究され始めたのは1960年以降だった。

食生活が文化と認められた一つのきっかけは観光であると言ってもよい。日本人にとってみれば、1964年に自由化され70年代、80年代と急ピッチに増えた海外旅行経験により、あるいは1970年の大阪万国博覧会では世

界の料理を当時の日本人に見せつけた。

　国際観光の成長とともに、ヨーロッパにおいてもそれまで中世の古都とアルプスや地中海沿岸の自然の景観美が観光対象だったが、1980年代には観光地での食の質の向上が外食産業界の課題となり、「ガストロノミーが娯楽と幸福の源泉である」（Defert, 1987）と主張された。その後、観光と食の関係性が社会学者や経済学者、観光学者によって論じられ、同時に、観光ビジネスにおいても飲食を観光資源とみなすフードツーリズムやカリナリーツーリズム（カリナリーは「料理」の意味）が実践され始めた。

　「食」を取り巻く社会背景にも変化が生まれていた。1980年代半ばにイタリア北部の町ブラにスローフード運動が起こり、伝統を引き継いだ農業や手づくりの食品を尊重し継承する世界的な市民運動へと発展した。また、英国人のジャーナリスト、ピーター・メイルの南仏滞在記である『南仏プロヴァンスの12か月』は世界的なベストセラーとなり、経済成長を追う生活から、本当の豊かさとは何かを考える風潮が広がった。

　21世紀に入り、フードツーリズムは地方や都市の観光開発の重要な手法として世界的に広がり、フードツーリズムがブームになった。

2　食と観光の関係

　人類の祖先は70万年前に東アフリカ一帯から移動し始め、移動によって現代の文明が創られた。太古の時代に人は食を求めて移動した。考古学者の藤森栄一（1966、p.17）によれば、洪積世末期の旧石器時代、古代日本人はまだ鋭利な石器を持たず、日本列島を定期的に回遊するナウマンゾウの群れのうち動きの弱ったものを死骸になるまで追い、その屍肉の巨塊にありついたという。間氷期に当たるとされる比較的温暖な時期（約1万4000年前）が始まるとナウマンゾウのような大型獣は滅びてシカやイノシシの

時期が来た。それら野獣の本能である回遊性を捉えてけもの道を辿り、待ち伏せ、手槍、投げ槍や落とし穴で狩猟した。旧石器時代の何十万年もの間、われわれの祖先は生きるために移動と回遊と洞窟での居住を行ってきた。

　食と旅の関係の歴史を民俗学者の神崎宣武はこう述べている。「つまり、狩猟なり採集なりで食料を得なくてはならなかった。その場合、1カ所に定住することはかなわず、野生の動物や植物の生態の循環にしたがうかたちで移動生活を余儀なくされた。その距離が長かろうが短かろうが、そこでの旅とは、食料を求めての移動であったのだ」（神崎、2002、pp.9-10）。人類は約300万年の歴史のうち99.7％を「食べるがための旅」に費やしてきたという。食欲を満たすこと自体が移動の目的だったのであり、それは移動と食の関係性をはるかに超えた生きることそのものだった。新石器時代から農耕生活と氏族社会の古代の到来により食料の安定した供給と定住が可能になり、それはいわゆる文明の出現へとつながった。そうした先史を経た古代以降の「旅と食」の様相の変化を神崎（2002、p.13）は次のように3区分する。

①食事のほとんどを自給・自炊しなくてはならなかった難儀な旅
②宿屋と茶屋で飲食が提供されるようになり行程が立てやすくなった旅
③近代交通で快適性が高まり選択肢が多様に広がり、食が楽しめるようになった旅

　ここで①は古代の旅であり、②は中世から近世にかけてであり、③は近代とすることができる。②において食べ物の流通が画期的に発達したことから、旅と食の関係が確立された。さらに1841年のトーマス・クックの団体パッケージ旅行を近代ツーリズムの始まりとするならば、近代ツーリズムが旅と食の関係の③「食が楽しめるようになった旅」につながる。
　それから180年余が経ち観光の様相は大きな変化を遂げた。観光は大衆

化、多様化、スピード化した結果、観光と食の関係もまた変化し、③食が楽しめるようになった旅は④「土地の味覚を求める旅」へと発展する。

現代の観光学者はそのような変化についてこう述べる。

> 「食は観光体験の本質的な要素の一つである。しかも、体験の不可欠な部分であるので、それ自身研究の主題になったのはつい最近である。一見して、これは幾分驚きのように見えるかもしれない。しかしながら必然的に食は日常生活に不可欠な成分であるので、それが重要な研究と分析の分野として長い間見過ごされてきたことはまさしく事実である」(Hall, M. & Sharples, L., 2003, p.1)

3 フードツーリズムとは

フードツーリズムは現在、英語圏や日本をはじめ世界的に流布している用語である。用語的には、カナダでは文化人類学者のロンが言い始めたカリナリーツーリズムが普及し、カナダ政府の観光政策において大きな役割を果たしてきた。フードツーリズム推進に重要な役割を果たしているOTA（オンタリオ・カリナリーツーリズム協会）は最近（2022年）、カリナリーツーリズムだけでなくフードツーリズムも使用している。

2001年に設立された民間機関である世界フードトラベラー協会（米国）の会長のエリック・ウォルフは、協会の設立当時にはフードツーリズムを簡潔明瞭に次のように定義していた。

> 「フードツーリズムとは遠近を問わず、ある場所のユニークで記憶に残る飲食体験の追求と楽しみである」(Wolf, 2013)

ここでは旅行的要因が〈遠近を問わず〉となり定義の条件にはなっていないが、より重要なのは「ユニークで記憶に残る飲食体験」である。その後、2015年に彼はその定義を修正し、「フードツーリズムとは、場所の感覚をつかむために場所の味覚を求めて旅行する行動である」とし、フードツーリズムにおける「場所の感覚」と「場所の味覚」を強調した。ここでの場所とはプレイス（place）であり、旅行地での感覚（sense）と味覚（taste）がキーワードとなっている。

　日本フードツーリズム研究会（2008年設立、現在は日本フードツーリズム学会）では2013年にフードツーリズムをこう定義した。

　　「フードツーリズムとは地域ならではの美味な料理を味わう観光形態であり、土地の味覚とともに歴史、文化や景色などを体験する旅行スタイルである」（「フードツーリズム・フォーラム宣言」2013）

　この定義では土地の味覚体験が五感によるものであり、美味でなければならないことが示されている。料理の美味であると同時に、料理を構成する食材（生産者）、料理人、雰囲気、街の風景、給仕人のサービス、食器、飲食代金などはすべてフードツーリズムに関係する要素であると言える。

　国際的に最も引用されるフードツーリズムの定義はニュージーランドの観光学者のホールとシャープルズによる下記のものである。

　　「フードツーリズムは余暇あるいは娯楽の目的でのガストロノミックな地域への体験旅行である。そこには食の一次・二次の生産者への訪問、美食のフェスティバル、フードフェアー、イベント、ファーマーズマーケット、料理ショーとデモンストレーション、高品質な食品の試食あるいは食に関係した何らかの観光活動を含む。加えて、この体験的旅行は、消費を通してその地域で生産される名物料理と同様、実体験、異文化からの学習、知識の習得、観光商品に関係し

た品質や特性の理解を含む特定のライフスタイルに関係する」
(UNWTO、2012／Hall and Sharples, 2003)

　この定義に示された「ガストロノミックな地域への体験旅行」の「ガストロノミック」とは何であろうか。飲食が美味しいかどうかの判断には生理的条件、個人の食文化、油脂成分、そして情報による（伏木、2008）ことが学術的に解明されている。したがって美味には個人差があるにせよ、料理が美味であることやその体験がユニークであることはある程度の普遍性を持たなければならない。美味しいもののある場所へ行くことは、フードツーリズムに必要な第一の条件である。

4 フードツーリズム開発の利点

　フードツーリズムによる観光開発のメリットには、観光施設のように多額の投資を必要としないことが第一にあげられる。観光地で提供される料理やメニューが観光アトラクションになることがまず求められ、その土地の特産物の活用や土地に伝わる料理メニューの開発、サービスの演出、あるいはユニークな郷土料理の発掘などの開発に多額の投資は必要としない。必要なのはその土地ならではの食べ物や飲み物を開発する組織となる生産者と料理人と観光事業者の連携でありネットワークと情熱である。
　観光消費に目を向けると、食関係のシェアの高さがあげられる。たとえば、京都市の場合、滞在中の観光消費の約50％を飲食と食品系のお土産（みやげ）が占めている。旅行者にとって滞在中の食事は不可欠であるとともに、有名な料理やレストランであれば、また、感動するほど美味しい食べ物に出会うと旅行の満足感は増し、お金を惜しまない。それとともに、食品の土産への波及も大きく、持ち帰ってすぐ賞味できるお菓子、特産品や地酒な

どはお土産に最適である。

　三つ目に、飲食の提供はシーズンのピーク・オフの影響を受けにくいことがあげられる。食材が季節に限定される食べ物をのぞき、特に貯蔵や流通が発達した現代は、多くの料理が年間を通じ提供が可能である。つまり、既存の生産、流通、加工、飲食サービス、小売店を活かしたフードツーリズムの年間を通じたプログラム開発が可能である。

　四つ目に、日常の食生活での料理や味覚の多様化は、観光マーケットにおいても名物料理・ご当地グルメへの関心を高めており、観光客は旅行先で何を食べられるかを楽しみにしている。これはインターネットやSNS（ソーシャルネットワークサービス）によるブロガーの活躍も大きい。彼ら／彼女らは世界的にフーディーズと呼ばれ、食べ物に人一倍関心を持ち、食べ歩きが大好きで、美味しい店の探求には金と時間を惜しまない。オフ会と呼ばれるフーディーズ間での情報交換にも熱心で、常に最新の情報を持ち合わせている。ラーメンから懐石料理まで、屋台からミシュランの星付きレストランまで、レパートリーはすべてのジャンルをカバーしている。つまり、フーディーズとはいわゆる「舌の肥えている人」であり、常人に比べると味覚能力に優れている人たちと見ることができる。

　最後に、「食」が文化の一つとして認められたことがある。2017年の法改正でわが国の「文化芸術基本法」十二条により初めて、〈食文化〉が生活文化の一つであると認められたのである。こうした状況は日本だけでなく、フランスでさえユネスコ世界無形遺産に「フランスのガストロノミー」（2010年登録）を申請しょうとしたとき、フランス国内で食は文化であるかについて議論があったという。

　「現在、人間の文化のほとんどすべての要因には、ツーリズムの形態となる潜在力がある」（Sutton p. & House, J., 2004）というように、飲食も「文化」になることによってフードツーリズムが生まれたと言える。食べることや飲むことは健康維持や栄養源に欠かせないが、社交に必要な生活術でもあり、かつ、日常とは異なる場所で食べたり飲んだりするとき、われわ

れはその場所ならではの体験をすることができる。

　具体的にはそれらの食べ物はその土地の郷土料理、ご当地グルメ、旬の名物料理、ワイナリーでの試飲などや市場体験、ミシュランの星付きレストラン、食べ歩きツアーやフードフェスティバルであったりする。観光によってわれわれは日常とは異なる場所感を体験し、味覚を相対化することができ、旅先での食事は街の歴史や人々のホスピタリティとともに、深く記憶に残る体験を提供してくれる。

5 　誰がフードツーリストか

　『食道楽』は村井弦斎が1903年（明治36年）に新聞に連載し、翌年、出版されてベストセラーになった小説である。今から120年前のことであり、文明開化のわずか30年後のことである。登場する料理・食材は和・洋・中華など、実に六百数十種類に及び、シチュー、牡蠣フライ、ワッフル、肉まん、オムライス、ケチャップライス、プリン、ロールケーキのようなメニューも紹介されている。この小説がベストセラーになったことからも、当時、食に関心の高い人はすでに少なからずいたことが伺える。そのような下地は、さかのぼると近世の江戸にすでにあったと考えられ、食を楽しむ武士・庶民の男女は大勢いたことが分かる。江戸時代に江戸、京都、大坂の3都で出版された料理書が120冊を下らないことが、それを雄弁に物語っている。とりわけハレの日には、食は最大の楽しみであった。現代のハレの日、それは観光旅行である。

　首都圏、関西圏、中部圏の住民を対象にしたアンケート調査によると、旅行に出かけて食事に非常にこだわる人は19％もあり、また食べ歩きが好きな人は51％に上っている。つまり、合わせると旅行に出かける70％の人が旅行先での食事への関心が高いことが分かっている。観光客の70

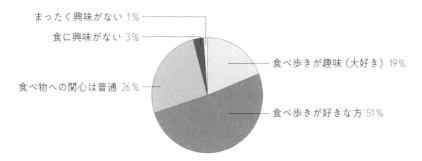

まったく興味がない 1%
食に興味がない 3%
食べ歩きが趣味（大好き）19%
食べ物への関心は普通 26%
食べ歩きが好きな方 51%

図1·1　WEBによる市場マーケティング調査（提供：ひがし北海道観光事業開発協議会、2016）

%は観光先で何をどこで食べるかを気にする人たちである。

　これは、日本人だけに限らず、訪日外国人観光客（インバウンド）への調査でも訪日前に期待していたことのうち「日本食を食べること」をあげた人が70.5％（複数回答）と2位のショッピングの54.4％を引き離して断然トップに来ていることからも分かる（観光庁、2018）。この調査結果は日本食が外国人にいかに人気があるかを示していると取ることもできるが、一般に、異国での食事体験の関心は高く、観光と食べ物は深い関係にあることを示している。

6　フードツーリズムの発展と体系

　国際観光政策の総本山ともいえるUNWTOは、2012年の『フードツーリズム・グローバルレポート』でこう述べている。

　　「近年、フードツーリズムは驚異的に成長し、ツーリズムの最もダイナミックで創造的な分野の一つとなった。観光地と観光会社の両方

はツーリズムを多様にし、ローカル、地域と国の経済開発を刺激するためのガストロノミーの重要性に気づいている。そのうえ、フードツーリズムはその言説に、領土、景観、海、地方文化、地元製品、真正性に基づいた倫理的及び持続可能な価値を含み、それは現代の文化的消費のトレンドと共通している」(UNWTO、2012)

　この文章にはフードツーリズムがダイナミックに成長する産業であること、創造的観光への可能性を持つこと、観光体験を多様化し地域と国の経済を活性化し、地域や民族が有する文化価値やホンモノを消費する現代性が指摘されている。UNWTOがフードツーリズムをテーマとしたレポートを初めて発行したことには大きな意味がある。言わば2012年は国際的な「フードツーリズム元年」であったと言える。

　食べることや飲むことと観光との関係はますます深まりつつある。その背景には均質化する世界が、グローバリゼーションに反動するローカリズム（地方主義）へと目が向き、食品の工業化を否定するスローフード運動、ベジタリアンの増加、食と健康に対する意識の向上、味覚の多様化と美味への追求、情報サービスの進化、質の高いライフスタイルへの願望など現代人の意識や価値観の変化がある。消費者はグローバルなものよりローカルなものを求め、ローカルにこそ真正性、ホンモノを見出す傾向にある。"Think Globally, Act Locally"（グローバルに考え、ローカルに行動せよ）の言葉が1980年代に流行したが、現代人は観光というグローバルな行動のなかに、逆にローカルを求めているとも言える。

　フードツーリズムへの具体的な事業やニーズとは、都市や町での食べ歩きツアー、ご当地グルメ、農家レストラン、ワイナリーツアー、オーベルジュ、老舗レストランや有名レストラン、郷土料理、市場観光、観光列車の旅、フードフェスティバルなど多彩であり、それらはニューヨーク、パリやバルセロナなどの美食都市だけの現象ではなく、世界各地に広がっている。その場所ならではの味覚体験は重要な観光アトラクションになって

いるのだ。飲食と観光の関係——つまりフードツーリズムについて体験し考えることが、味覚と場所の体験をめぐって新たな世界への扉を開く。

　フードツーリズムの全体には、農産物や水産物の生産から加工、食品製造、流通、料理、飲食サービス、小売り、食文化施設に至るまでの「飲食」に関わる資源と加工、消費に関わるすべての事業が含まれる。概略すれば、食料（生産物）、料理、ガストロノミーのバリューチェーンがフードツーリズムである（Hjalager, Richards, eds., 2002）。

　フードツーリズムの個々の事業は、したがって食と観光の関係の下に三つの供給分野により分類することができ、第一に食の生産・流通・加工・小売りに関わる供給であり、第二には飲食サービス業に関わる形態であり、第三にフードフェスティバル、食べ歩きツアー、料理教室などのイベント

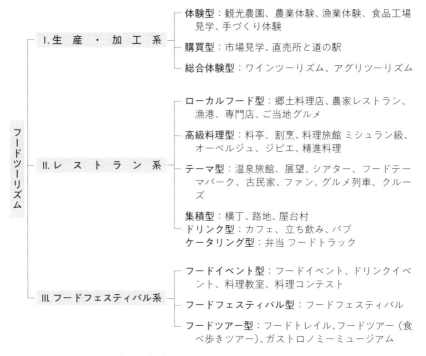

図1-2　フードツーリズムの体系

商品である。それらの事象を包括する食文化はその町の歴史、建造物、自然景観、行事などとともに重要な観光資源として認知され、観光地に欠かせない体験とアトラクションを創り出している。フードツーリズム事業を分類することにより、フードツーリズム事業の全体を俯瞰することができる。

参考文献

観光庁（2018）『訪日外国人の消費動向調査 2018 年年次報告書』
　　https://www.mlit.go.jp/common/001285944.pdf、p.24

神崎宣武（2002）「食することと旅すること」神崎宣武編『旅と食　食の文化フォーラム 20』ドメス出版、p.9

伏木亨（2008）『味覚と嗜好のサイエンス』丸善出版

藤森栄一（1966）『古道』学生社

村井弦斎（1903）『食道楽』岩波書店

AIEST（1986）国際観光科学専門家協会（AIEST: International Association of Scientic Experts in Tourism）の第 36 回国際大会

Defert, P.（1987）Tourism and gastronomy, abstract, *Revue de Tourisme*, 1987, No.3, pp.7 - 8

Wolf, E.（2013）*What is Food Tourism?*, World Food Travel Association,

Hall, M. & Sharples, L.（2003）*Food Tourism around the World*, ELSEVIER, p.1

Hjalager, A.M. and Richards, G. eds.（2002）*Tourism and Gastronomy*, Routledge

Sutton P. & House, J.（2004）*The Age of Tourism:Postmodern for Postmodern People?*

UNWTO（2012）*Global Report on Food Tourism*, p.6

2章

日本における
フードツーリズムの発展

フードツーリズムの観光体験は多様であり、その土地の美味しい食を求める体験観光だけにとどまらない。これまで日本においてフードツーリズムはどのように展開してきたのだろうか。本章では、時代ごとの背景を振り返りながら、フードツーリズムの発展について、地域で取り組む「主体」の観点から見ていくこととする。

1 旅行会社と鉄道会社による グルメツアー

　旅において、食は楽しみの大きな要素である。冬の味覚のカニやふぐ、牡蠣など旬の食材を使った料理を旅館やホテルで楽しむ旅は、1970年代の高度経済成長期以降、旅行会社による団体パッケージツアーの一つとして定番の旅行商品となった。また、イチゴやブドウなどのフルーツ狩りを目的とした日帰りバスツアーも定着した。このような旅行は、料理や旬の特産品をもっぱら「食べること」に主眼がある。

　ところで、「グルメ」という言葉は、食通や美食家、あるいは美味しい料理や評判の高い料理について使われる言葉であり、フランス語の gourmet（食通の意味）が語源である。朝日新聞でグルメという用語が現れるようになったのは、バブル経済が始まる1980年代半ばからである。また、グルメ漫画の代表的存在として有名な『ビックコミックスピリッツ』（小学館）の「美味しんぼ」は、1983年に連載が始まった。1980年代後半から1990年にかけて日本経済のバブル絶頂期には、「1億総グルメ時代」という用語も生まれ、旅行商品にも「グルメ」が使われるようになる。

　このように食やグルメを旅行商品として扱うようになったのは、「発地」の旅行会社や、鉄道会社が企画・催行するツアーであった。

　ホールセーラー系旅行会社（パッケージツアーの企画・卸売の会社）の主催するツアーは、観光旅館やホテルでの味覚プランを前面に打ち出した、宿

泊企画のパッケージツアーが中心である。たとえば、JTBの「旅物語」では「グルメ旅特集」としてご当地グルメや旬のグルメ、特別な日のグルメとして各種ツアーが期間中は毎日設定されている。また、ホテル・レストランの有名シェフが同行するグルメツアーやグルメ雑誌が募集するグルメツアーなどもあり、旅行会社が会員対象や雑誌で募集をしている場合が多い。

　同様に、メディア販売系旅行会社が主催し、新聞等のメディア広告などで募集する団体旅行ツアーがあり、旬の味覚を組み合わせた日帰りコースと宿泊コースを中心に扱っている。たとえば、クラブツーリズムの「牡蠣・マグロ・牛タン・黒毛和牛も！朝摘み佐藤錦サクランボ狩り＆みちのくうまいもの！作並温泉　2日間」（1泊2日、バスツアー）のように設定日がある期間に集中して販売・実施されている。

　また、鉄道会社では、往復の鉄道と食事や観光をセットにしたツアーを販売している。たとえば、JR西日本は日本旅行との共同企画で「駅長おすすめ駅プラン」と題し、「旬の味覚日帰り満喫の旅（京阪神発）」として、夏の季節には川床料理、鱧、白イカなどの季節の味覚などの昼食を、往復JR利用とセットで販売している。

　旅行ビジネスは、都市部に拠点を置く旅行会社が都市部の住民（＝観光客）を出発地（発地）から観光地（着地）へ、企画から手配、販売、実施という一連の過程を経て実施する送客型ビジネスである。特に1970年代から90年代前半にかけてマスツーリズム（団体旅行）が全盛の時代、フードツーリズムは、先に述べたように旅館やホテルのグルメを中心とした観光や、「食べ放題」のようにお得感を打ち出した内容が主流であった。

　これらの旅行会社によるグルメツアーは、現在も人気の旅行商品として企画・販売されている。しかし、2020年からの新型コロナ感染症拡大により、旅行会社主催の団体ツアーに対する影響は甚大であり、これまでの旅行ビジネスモデルの見直しが加速している。

2 ご当地グルメと食のまちおこし

　1990年代に入りバブル経済が崩壊した後は、消費者の観光ニーズが成熟化する。グルメや食べ放題を求める観光も引き続き人気であるが、観光目的がより一層多様化していった。また、1995年のWindows95発売以降、パソコンが急速に普及、2000年代に入って定額のブロードバンド接続サービスが低価格で提供されるようになるとインターネット環境が飛躍的に向上し、個人がそれぞれのニーズに合わせた宿や交通手段を選択できる時代が訪れた。

　1996年に海外ではOTA（オンライン・トラベル・エージェンシー）と呼ばれる個人向けの宿泊施設等のインターネット予約サービスが開始される。日本でも馴染みのあるBooking.comとExpediaはこの年にスタートした。同年、日本でも日立造船の子会社がインターネットによる宿泊施設の予約サイト「旅の窓口」（開設当初は「ホテルの窓口」）を開設している。日本では2000年にじゃらんネット、2001年には楽天トラベル（2004年に「旅の窓口」を合併）のサービスが始まり、その後はOTAが急成長を遂げる。

　ここからは、着地型観光と呼ばれる地域が主役のツーリズムにおいて、地域側で多様な主体がフードツーリズムの受け入れに携わるようになってきた動きを紹介する。まずは、B級グルメやご当地グルメのブームと市民による食のまちおこしを見ていこう。

【1】さぬきうどん巡り

　1989年、タウン情報誌の田尾和俊編集長（当時）によって「ゲリラうどん通ごっこ」の連載が開始され、それまで注目されてこなかった香川県のセルフうどんが注目され始めた。1993年、うどん探訪記として西日本出版社より『恐るべきさぬきうどん』が発売されると、いよいよ爆発的なさぬ

きうどんブームが訪れる。

その後、2006年に映画「UDON」が上映されると続いてのうどん巡りブームが起き、さらに2011年には香川県がPRプロジェクトとして、「うどん県」を全国展開することで、今や「香川＝さぬきうどん」という地域ブランディングが浸透した。この間、2000年に丸亀製麺やはなまるうどんという外食うどんチェーンが生まれ、国内そして海外に出店が加速したことで、今や国内外から多くの観光客が、さぬきうどんを求めて香川県を訪れている。

【2】B-1グランプリ

　1980年代半ばからグルメ志向の高級料理がもてはやされる一方で、1985年にフリーライターの田沢竜次が『東京グルメ通信B級グルメの逆襲』（主婦と生活社）を出版し、そこから始まった「B級グルメ」ブームは1990年代の讃岐うどんや喜多方ラーメン、もんじゃ焼きなどを経て全国に広まっていった。そして、それを一大イベントにしたのが2000年の富士宮やきそば学会の設立、2006年の第1回B-1グランプリである。

　「ご当地グルメでまちおこし団体連絡協議会」（通称：愛Bリーグ）は、第1回B-1グランプリに出店した団体が中心となって2006年に設立された。愛Bリーグは「ご当地グルメ」でまちおこしをしているボランティア団体の集まりであり、企業や営利団体は加盟できない。したがってB-1グランプリは市民団体による出店に限られているのが特徴である。マスコミの注目度が高いB-1グランプリは、全国へPRする絶好の舞台となっている。主催者によると、ここでの「B級」はブランドのBであるとされるが、バブル崩壊後に日本の景気が低迷するなかで、安価で美味しい地元のソウルフードという意味での捉え方をされた。

　また、B-1グランプリがスタートした翌年の2007年10月、日本テレビ系列の「秘密のケンミンSHOW」（2020年4月から「秘密のケンミンSHOW

極」）が放映を開始した。芸能人が自分の出身地である都道府県の応援団として、その土地だけで行われている行事や習慣などの県民性をアピールするものであるが、ここでしばしば食が取り上げられている。全国放送でご当地グルメが紹介されることで認知度が高まり、観光と食が結びつくきっかけにもなったと言える。

　さて、ここでは、日本のフードツーリズムの変遷を語るうえで欠かせない富士宮やきそば学会とB-1グランプリのことについて振り返ってみよう。

　もともと、富士宮市のやきそばは戦後の冷蔵技術が乏しかった時代に作り出された製法によるコシのある麺が特徴で、他の地域とは異なる食感があった。加えて具には肉カスを入れ、仕上げにイワシの削り粉をたっぷり入れるという独特の味のある「富士宮やきそば」を提供する店が市内に多くあった。このことに着目し、まちづくりに活かしていこうと市内の有志が2000年に「富士宮やきそば学会」を設立した。この学会の会長であった渡辺英彦（故人）のリーダーシップとカリスマ性は大きい。団体名に「学会」、学会のメンバーは「やきそばG麺」、富士宮市の「富士宮やきそば」と北九

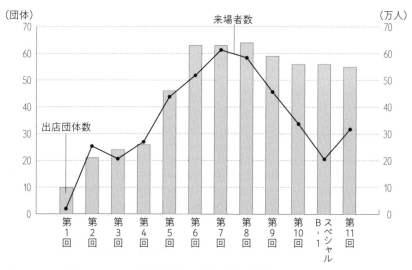

図2·1　B-1グランプリの出店団体数と来場者数の推移（出典：愛Bリーグ HP）

州市の「小倉焼きうどん」による対決を「天下分け麺の戦い」と名づけるなど、ダジャレの効いたネーミングセンスと積極的な活動がマスコミにも取り上げられた。ご当地グルメの先進事例として、富士宮に倣った「食によるまちおこし」が全国の地方都市へと広がった。

　そのような仲間（全国の食によるまちおこし市民団体）を集めて2006年に始まったのが「B-1グランプリ」である。B-1グランプリの正式名称は、「ご当地グルメでまちおこしの祭典！ B-1グランプリ」。2015年の第10回までは毎年開催地を変えて開催された。その後、2016年にB-1グランプリスペシャルとして東京・臨海副都心で、2019年に明石で開催された。しかし、コロナ禍になってから2023年2月現在までは開催されていない。

　地方での開催によるため単純比較はできないが、各地でのご当地グルメブームと相まって、出店団体の増加とともに多くの来場者を集めることに成功し、またイベント時だけでなく、その後の各地のご当地グルメを楽しむ観光に寄与する取り組みとなった。

「2019 B-1グランプリ in 明石」海峡エリア会場の様子

3 生産者と消費者の顔が見える関係

　今日、日本の農業は担い手の減少が著しく、このことは地域社会に深刻な影響を与えている。一方、フードツーリズムでは、その土地ならではの農産品を生産する農業者が重要な役割を担う。訪問先の農地等の景観や体験、生産者との交流は、旅行者の旅の思い出として強く印象が刻まれることとなる。

　1990年代半ばから各地で生まれた「農家レストラン」や「道の駅」は、これまで観光の表舞台に出てこなかった生産者が観光客に直接あるいは農産品を通じて間接的に出会う場を提供した。市民によるご当地グルメの取り組みと同時期に、生産者による観光客受け入れの取り組みも始まっていった。

【1】農家レストラン

　農家レストランは、農家が自ら育てた地域のものを食材とし、料理を提供する飲食サービス業である。日本におけるグリーン・ツーリズム[注1]の系譜から言えば、1960年代後半に始まった観光農園、1994年の農山漁村余暇法により始まった農家民宿、農業体験プログラムやオーナー制度、2000年代に顕著になった農産物直売所とともに、農家レストランをフードツーリズムの観光アトラクションとして位置づけることができる。

　先駆的なものとして、農家の主婦が農産物の食品加工や民宿事業に取り組む一環として、飲食業の開業に取り組んだ事例が比較的多く見られる。これは前述のように、農山漁村余暇法によって各地で促進された農家民宿の系譜である。

　1990年代半ばの比較的初期に開業した事例として、グループでは愛媛県内子町の「石畳の宿」（1994年）が代表的である。また、山梨県小渕沢町

「杉・五兵衛」では農園内で食事を楽しむことができる

の「ふるさと旬菜レストラン森樹」(1996年)や熊本県人吉市の「ひまわり亭」(1997年)、千葉県南房総市の「百姓屋敷じろえむ」(1997年)なども開業が早い農家レストランである。一般財団法人都市農山漁村交流活性化機構(愛称:まちむら交流きこう)が運営するホームページ「里の物語」によると、2023年2月現在、農家レストランとして全国に1013件が登録・公開されている。

　また、地方だけでなく、都市近郊の農家レストランもある。大阪府枚方市の「杉・五兵衛」は、代官屋敷と酒蔵を移築した本館を利用して、自社の農園で収穫した農作物による手づくりの料理を提供している。敷地内での有機循環農法を実践しながら、早い段階から農園レストランを開設し、畑の風景や農園で飼育しているロバなどの動物にも触れ合い、園内料理を楽しめる空間を提供している。

【2】道の駅

　「道の駅」は市町村等が設置者となって、国土交通省に申請・登録され

た施設であり、1993年から登録が始まった。本来の道の駅は、ドライバーのために、一般道路における「休憩機能」や「情報提供機能」を持つ施設である。加えて、文化教養施設、観光レクリエーション施設などの地域振興施設によって地域との交流を図る「地域連携機能」と三つの機能を有している。

最初の登録から30年。2023年2月現在、全国で1198駅が開設されている。この間、2010年からは農産物の加工販売を促進するための「六次産業化・地産地消法」が施行され、2014年には農水産物のブランディングを図る「地域表示保護制度（GI法）」が整備された。こうして、その土地の食材を活かした地域振興や観光振興が取り組まれる環境が整いつつある。

2014年、全国モデルとなる六つの道の駅が国土交通大臣により選定された。この「全国モデル」の道の駅は、地域活性化の拠点として、特に優れた機能を継続的に発揮していると認められたものであり、最初の段階から道の駅に登録された愛媛県内子町の「内子フレッシュパークからり」と千葉県南房総市の「道の駅とみうら」も含まれている。

内子フレッシュパークからりの地元は、道の駅の登録事業が始まる前の1992年にはフルーツパーク基本構想を策定していた。さらにさかのぼると、1986年から毎年、内子町知的農村塾を開講し、農業の発展と農家の育成に取り組んでいた。そのような活動のなかで道の駅に登録され、1994年には産直実験施設「内の子市場」を開設、1996年から農産物直売所をオープンして多くの客を域外から集めている。

道の駅とみうらも、1992年に枇杷倶楽部仮設店舗を開設し、1993年に道の駅に登録された。1996年からは直営農場の苺狩り園をオープンさせるなど、早くから農業体験を観光アトラクションの一つとして位置づけ、集客施設の成功事例と言われている。

農産物直売所やグルメ、体験など一日遊べる道の駅としてマスコミにもたびたび登場する、群馬県川場村の「道の駅川場田園プラザ」は、「農業プラス観光」で人口約3500人の村に年間約200万人が来訪する集客施設であ

「道の駅川場田園
プラザ」
全国モデルに選定
された

道の駅敷地内にある
川場村観光案内所

る。ここもまた、全国モデルに選定された道の駅の一つとなっている。

　このように「道の駅」は、ドライバーが立ち寄る道路沿いの休憩施設だけではなく、各市町村の代表的な観光目的地となっており、その拠点では、地域の新鮮な農産物や加工品を販売する生産者と消費者の顔が見える関係が成立している。

 **まちなかのにぎわい創出と
地方の食の街道**

　飲食店がフードツーリズムに関わる取り組みは、都市と地方で異なる。

都市では、大規模商業施設の郊外立地などによる中心市街地における人通りの減少、にぎわいの喪失といった空洞化の影響から、1998年に「中心市街地活性化法」が施行されて以降、数々の商業振興事業が取り組まれてきた。そのようななか、2000年代に入って、食の集客施設としての「屋台村」の整備や、ソフトな集客事業としての「まちなかバル」が全国的に広がっていった。また、飲食店単体で見ると2007年から『ミシュランガイド東京』、2017年から『ゴ・エ・ミヨ』が日本で出版されるようになり、日本人からも外国人からも評価される美食の店が、これまで以上にクローズアップされるようになっている。

　一方、観光の交通手段として自動車の利用が増えたこともあり、地方では1990年代半ばから食による地域ブランド化の仕掛けとして、そばなどの特産品が集積している沿道を「食の街道」として打ち出す取り組みが、飲食店や組合を中心に進められてきた。

【1】屋台村

　高知市の食の集積エリア「ひろめ市場」は、土佐藩家老屋敷跡付近に観光と文化の発信地として1998年に開設された。横丁を模した敷地にかつおのたたき、土佐ジローの焼き鳥、アイスクリンの飲食店など54のミニ店舗とイベント広場が密集し、2階は駐車場からなる複合施設で、地元住民と観光客の両方に人気のある観光名所となっている。

　北海道帯広市では、20店が連なる「北の屋台」が2001年にオープンし、中心市街地の集客施設として全国での屋台村・横丁ブームの先駆けとなった。2002年には青森県八戸市の「みろく横丁」（26店）、2004年には栃木県宇都宮市の「宇都宮屋台横丁」（23店）、同じく2004年に北海道小樽市の「おたる屋台村レンガ横丁」（12店。2017年には「おたる屋台村ろまん横丁」7店が開設）、2005年に青森市の屋台村「さんふり横丁」、2006年に福島市の「ふくしま屋台村こらんしょ横丁」など次々に開設され、中心市街地にお

「北の屋台」は市民にも観光客にも人気のスポット

ける飲食の観光スポットにもなっている[注2]。

【2】まちなかバル

　「函館バル街」は、函館市西部地区で「2004スペイン料理フォーラム in HAKODATE」のイベントの一つとして2004年2月に開催された。これは、函館のまちをスペインの飲食文化を代表する「バル街」に見立て、飲食店をはしごして歩くという企画である。その後、第2回からバルが単独で実施され、2023年5月には、第33回函館西部地区バル街が開催されている。

　一方、関西では、函館の仕組みを参考にして、兵庫県伊丹市で第1回「伊丹まちなかバル」が2009年10月に開催されたのが最初である。この伊丹まちなかバルの仕掛け人である当時の伊丹市職員・綾野昌幸は、共著『100円商店街・バル・まちゼミ　お店が儲かるまちづくり』で、まちなかバルを「地域の飲食店が自慢の料理一皿とワンドリンクを用意し、お客さんがそれらの店を安価ではしごするという、飲み・食べ歩き事業」のことであるとしている。「まちなかバル」は、地名と合わせて「○○バル」と呼

「伊丹まちなかバル」でにぎわう中心市街地の様子

ばれている場合が多く、地域によってさまざまな名称が使われている。単に「バル」と呼ばれることもある。あるいは、飲食店を回るために「はしご酒」とネーミングをしている自治体もあるが、伊丹市のように、店を巡って食べ・飲み歩きをしながらも、まちの景観を楽しんだり、まちかどでストリートミュージシャンの音楽に耳を傾けたりするなど、飲食を通じて「まちを楽しむ」という点が飲み歩きだけの「はしご酒」とは異なるところであり、また1カ所に店が集まる食のイベントとも違う点である。

　伊丹まちなかバルが開催された後、関西では瞬く間に各地にまちなかバルが広がり、2013年には、関西だけでも90地区の開催を数え、また商店街振興事業や中心市街地活性化事業の一つとしても注目された。この取り組みは、すぐに全国に広がり、各地のまちづくり会社や商工会議所・商工会、民間事業者、まちづくり団体などが事務局を担い、飲食事業者が中心となって年数回のバルイベントが開催されている。

　まちなかバルは、通常、1冊3500円〜4000円程度の5枚つづりのチケットを購入し、参加店を掲載している「まちなかマップ」が配布されて、個

人客が「まちなかバル用に特別な1ドリンク1フード」を提供している5軒の実店舗を巡る仕組みである。また、イベントの後日も「あとバル」として金券的な利用ができるようになっている。

　伊丹まちなかバルは、2009年10月の第1回では参加店が54店舗、チケットの販売枚数1500枚を数えたが、10年後の2019年5月（第20回）には参加店が102店舗、チケットの販売枚数は5000枚まで拡大した。さらに特筆すべきことは、バル参加後の参加店アンケートによると、新規顧客が増えたと回答した店は第1回の47％から、第20回も変わらずに46％となっているところにある。もちろん毎回のバルを楽しみに参加するコアなバルファンもいるが、市内だけでなく、周辺市町からも新たな客を集めてきている。2020年春から5回続けてコロナ禍で中止となってしまっていたが、2022年10月には3年ぶりに伊丹まちなかバルが再開された。

【3】食の街道

　1994年、山形県村山市に発足した「最上川三難所そば街道」は、最上川沿いに点在する同地域のそば組合が共同で観光PRを行ったものである。その後、山形県内だけでほかに「大石田そば街道」（1998年）や「おくのほそみち尾花沢そば街道（1999年）」など17のそば街道ができ、同様の取り組みは全国に広がっていった。

　さらに2010年前後からは丼、ラーメン、ばらずし、オムライスなどをテーマにした「食の街道」あるいは、街道とは呼んでいなくても特定のご当地料理の飲食店集積を指した「食のまち」が観光協会や商工会議所・商工会、行政などにより展開されている。いずれもその地の飲食店の集積という特徴を活かして、観光PRに活用しているものである。

　2012年には栃木県が「とちぎ食の回廊づくり」として県内8か所で特産物による「食の街道」を展開するようになった。また、愛知県では2016年から「食と花の街道認定事業」に取り組んでいる。これは、愛知県産の農

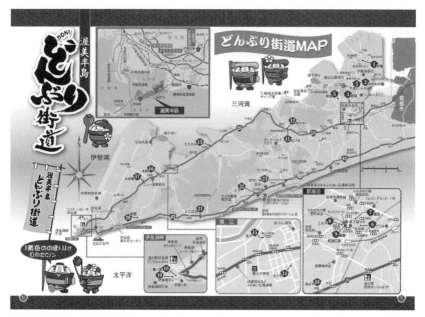

渥美半島どんぶり街道（出典：第8弾スタンプラリーパンフレット／どん丼おいでん委員会事務局（（一社）渥美半島観光ビューロー））

林水産物を活用し、食や花をテーマとして、地域活性化と観光需要の拡大に向けた活動を行う地域を「食と花の街道」として認定する事業である。そのうちの一つ「渥美半島どんぶり街道」は、2016年度に認定され、各店のどんぶりや共通丼を食べて巡るスランプラリーを開催している。

5 食による観光まちづくり

　2001年、「食のまちづくり条例」を日本で初めて制定した福井県小浜市では、御食国若狭おばま食文化館における食文化の発信や体験プログラムの開催、食育活動の展開、鯖のブランド化など一次産業の振興を進め、ま

た2015年には「御食国若狭と鯖街道」が日本遺産第1号の認定を得て、まちぐるみで観光振興に取り組んでいる。

　日本の総人口は、少子化が急速に進展した結果、2008年をピークに人口減少局面に入った。それ以前から地方では人口減少に転じているが、高齢化の進展により、その傾向は一層強まっている。地域の活力を維持していくためには、観光による交流人口の増加、あるいは関係人口の増加を進めていく必要がある。各自治体によるフードツーリズムへの関心の高まりは、地方創生に取り組む行政施策に合致し、観光振興だけでなく、地域の一次産業の振興や飲食店等の起業支援、移住・定住促進などにもつながっている。

　「フードツーリズム」と銘打って観光振興している地域では、旭川市を中心とした北海道上川総合振興局4市17町2村が、2010年から取り組みを進める「かみかわフードツーリズム」がある。エリア内の生産農家や食品開発者とともに、その商品や料理をストーリーとして紹介する「かみかわ食べものがたり」を地域別やジャンル別にWEBサイトで紹介している。

　同じく2010年に、新潟県と群馬・長野県の一部での地域連携DMO・雪国観光圏による「雪国A級グルメ」、2011年には島根県邑南町<ruby>邑南<rt>おおなん</rt></ruby>町の「A級グルメ構想」がスタートした。2006年から「食の都庄内」に取り組んでいた山形県鶴岡市は、2014年に「ユネスコ食文化創造都市」に認定されている。2021年には、大分県臼杵市が発酵・醸造産業や江戸時代の質素倹約の文化から生み出された郷土料理、そして堆肥づくりなど持続可能性も意識した食の文化づくりが認められ、国内2件目のユネスコ食文化創造都市として認定された。

　また、UNWTO（国連世界観光機関）がスペイン・サンセバスチャン市で2015年に第1回を開催し、それ以降、毎年開催されているガストロノミーツーリズム世界フォーラムを奈良県が誘致し、第7回世界フォーラムが2022年12月に開催されるなど、観光まちづくりに「食」を重視する動きは各地で広がりつつある。

【1】雪国 A 級グルメ

　一般社団法人雪国観光圏は、新潟県魚沼市、南魚沼市、湯沢町、十日町市、津南町と群馬県みなかみ町、長野県栄村の7市町村にわたり、2008年に設立された。広大な中山間地で、半年近くは雪に閉ざされてきた豪雪地帯である。また圏内の主要産業はスキー場、温泉宿と農業である。観光の対象となる温泉・スキー場は越後湯沢温泉地区と苗場山スキー地区を中心に11地区に及び、エリア内の総人口は17万6500人（2022年1月現在）である。

　2008年、観光庁の最初の「広域観光圏」の認定を受け、第3種旅行業を取得して、2012年から「山菜狩りとキノコ狩りツアー」などの着地型旅行を実施した。一方、東京で雑誌『自遊人』（2000年創刊）の編集長をしていた岩佐十良が2004年に編集部を新潟県南魚沼市に移し、その後、山中の廃業寸前だった旅館を全面改装し、2014年に温泉宿「里山十帖」を開業する。2010年に岩佐がプロデューサーとなって始まった「雪国 A 級グルメ」は、旅館、飲食店、加工食品業者の有志が応え、数年後には「無添加への取り組み」「原産地への配慮」「原産地食材の使用」の3項目の評価を基本に総合判定をする「雪国 A 級グルメ認定事業」となった。

　雪国観光圏における旅行商品開発は連携する九つの事業者が各地区で行っている。そのうちの一つ松之山温泉合同会社まんまは、旅館、飲食店、住民の共同出資で立ち上げた旅行会社である。同社は冬の雪に閉ざされた越冬の生活様式の知恵から生まれた発酵保存食材や間伐材の薪を使った越冬料理、雪の野山で捕れたジビエ料理、温泉熱利用の低温調理や温泉成分を織り込んだ薪釜ピザなど、高澤義明シェフのプロデュースによる雪国ガストロノミー「松之山里山ダイニング」を2017年に始めた。会場は「美人林」と呼ばれている松之山のブナ林である。このブナ林は大正末期に木炭にするため伐採されて裸山となっていたが、現在は樹齢100年の見事なブナ林となっている。

【2】A 級（永久）グルメ構想

　島根県邑南町は中国山地の広島県との県境に位置し、人口約1万人の町である。2004年の3町村合併により誕生した。

　合併後、2007年に「まちづくり基本条例」を制定し、コミュニティを基軸にした「自立した田舎づくり」をめざす。2004年、JA島根おおいと邑南町観光協会によって、産直市みずほ（現在の道の駅・瑞穂）が設立され、たちまち県内トップクラスの売上を達成した。一方、2005年にネット通販サイト「みずほスタイル」を開設して石見和牛肉などのブランド化を図り、通販会社との連携など積極的な農産品の町外への「輸出」に取り組むようになる。

　邑南町の人口は、1985年の約1万6千人をピークに減少が続き、2010年には約1万2千人と4分の3になった。これに対する危機感から、役場内で各課が横断的に集まって対策の検討を進め、「日本一の子育ての村構想」とともに、2011年3月の『農林商工等連携ビジョン』には「A級グルメ構想」を基本理念として描いた。これまでの取り組みのように、農産品の町外への「輸出」ではなく、「邑南町で生産される良質な農林水産物を素材とする“ここでしか味わえない食や体験”」を「A級グルメ」と定義づけ、町内へ食べに来てもらうことを打ち出した。

　この理念に至るまでの経過は、当時、邑南町役場の公務員として中核的な役割を担った寺本英仁の『ビレッジプライド』に詳細が描かれているが、ポイントは「特産品を都会で売る」という固定概念から、町に来て食べてもらうという方針転換を図ったことにある。さらに、町内の農林業者・加工業者・商業者に集まってもらう「話会」を企画し、邑南町の産業を豊かにするため「観光」「定住」「起業」の三つをテーマに、役場だけでなく、多様なステークホルダーがA級グルメ構想に関与することになった。

　このようにして生まれたA級グルメの理念に基づき、食に関連した産業によって雇用機会を増やし、起業家を育成し、食を求めて観光客を増や

すなど多面的な取り組みが行われていった。この具体的事業が、地産地消イタリアンレストラン「AJIKURA」であり、地域おこし協力隊の制度を利用した「耕すシェフ」であり、また、邑南町における六次産業化の推進やビレッジプライドの醸成を目的とした「食の学校」や「農の学校」である。

「食の学校」の卒業生は、ねらいどおりに町内での起業につながり、また、地元の人たちの起業にも広がっていった。『農林商工等連携ビジョン』の目標は、5年間で5名の起業であったが、5年後の2015年の段階で43名が起業している。2017年には、食と農人材育成センター（現：一般社団法人地域商社ビレッジプライド邑南）を設立し、Ａ級グルメの発信拠点であり、耕すシェフの研修施設でもある邑南食材レストラン「香夢里」が香木の森公園内に開設された。邑南野菜やハーブをはじめ、石見ポーク、石見牛など、地元の生産者が作る食材を使ったメニューを味わうことができる。

　町外からの若者の定住が進むと、高齢化に悩む集落での活動も活発化してくる。人口450人の集落「日貫地区」では、地元住民が中心となって一般社団法人弥禮を設立し、30年以上空き家となっていた築100年以上の古民家をリノベーションして一棟貸しの宿泊施設「安田邸」を整備した。ま

香木の森公園内にあるレストラン「香夢里」

た、この古民家から50ｍほど離れた空き工場をやはりリノベーションして、カフェ兼フロント「一揖（いちゆう）」を整備し、「分散型宿泊施設」として「日貫一日（ひぬいひとひ）」プロジェクトが展開されている。これは、邑南町が取り組む12公民館単位の「地区別戦略事業（ちくせん）」の一つである。

　宿泊者の食事については、町内の飲食店を巡ってもらうことはもちろん、宿でも地元の郷土料理であるすき焼き「へか」や「石見ポークの鉄板焼き」などのレシピを紹介して食材を提供し、宿泊者自身で調理体験することで、より日貫地区を知ってもらうことに取り組んでいる。約半年の試泊を経て2019年6月に正式オープンした。コロナ前ではあるが、広島を中心に、九州・大阪・東京など多方面からファミリーや若い女性グループなど幅広い年齢層の宿泊需要があり、欧米系の外国人旅行者の利用もあったという。このように宿泊施設が町内にできると、滞在時間が増え、また、飲食店の利用増も期待される。

　さらに、2019年からは、地域商社ビレッジプライド邑南が事務局となって、Ａ級グルメの理念を共有した島根県邑南町、西ノ島町、北海道鹿部町、宮崎県都農町（との）（当初は福井県小浜市も参加）の四つの自治体による「にっぽんＡ級（永久）グルメのまち連合」を発足し、全国的なPRや人材育成等に連携して取り組んでいる。

　ところが、邑南町では取り組みを見直し、12年続けてきた「Ａ級グルメ」ということばの使用を行政としては2023年度からやめると発表した。その背景には、まちのブランディングに一定の効果を認めているものの、農業者や既存の飲食店への波及効果が見られないといった課題などが指摘されている[注3]。ブランディングから、食による観光まちづくりへ広げるために、多くのステークホルダーの参画につなげていくことの難しさがここに表れているのかもしれない。「Ａ級グルメ」の実務を担ってきた町内外の三つの民間事業者が「Ａ級グルメ」のブランドを引き継いでいくとされており、今後の展開を注視したい。

表1・1　日本のフードツーリズムの発展

	1. 旅行会社と鉄道会社によるグルメツアー	2. ご当地グルメと食のまちおこし	3. 生産者と消費者の顔が見える関係	4. まちなかのにぎわい創出と地方の食の街道	5. 食による観光まちづくり
1960			1960年代後半 観光農園（もぎ採り園）		
1970					
1980	グルメツアー（カニ、ふぐ、マグロ等）	1985『東京グルメ通信 B級グルメの逆襲』 1989「ゲリラうどん通ごっこ」連載開始			大分県一村一品運動*1
1990			1993 道の駅登録開始 道の駅とみうら 1994 内子町石畳の宿 1996 安心院町グリーンツーリズム研究会発足*2	1994 最上川三難所そば街道 1998 ひろめ市場	
2000		2000 富士宮やきそば学会 愛Bリーグ結成 2006 第1回 B-1グランプリ		2001 北の屋台 2004 函館バル街 2009 伊丹まちなかバル	2001 小浜市食のまちづくり条例制定 2000 宮城県宮崎町（現・加美町）第1回食の文化祭*3 2006 食の都庄内 2008 ワインツーリズムやまなし*4
2010	2015 日本版DMO 2016 ArigatoTravel *5	2010 かみかわフードツーリズム 雪国観光圏：雪国A級グルメ 2011 邑南町A級グルメ構想 2014 鶴岡市「ユネスコ食文化創造都市」 2016 ONSEN ガストロノミーツーリズム*6			

2020〜
COVID-19感染拡大

COVID-19感染症終息に向い、国内外の観光が回復へ

＊1　1979 年に大分県知事に就任した平松知事が県内全市町村に取り組みを提案し、「ローカルにしてグローバル」「自主自立・創意工夫」「人づくり」の三つの原則をもとに進めた取り組み。「食による観光まちづくり」に合致している取り組みだけではないが、地域に根差した特産品や観光振興の取り組みを行っている例もあり、先駆的な事例として取り上げた。

＊2　1992 年のアグリツーリズム研究会を前身として発足。1997 年には当時の安心院町議会が「グリーンツーリズム推進宣言」を議決し、民間主導の取り組みを行政が支援。スローフードフェアなども開催し「グリーンツーリズム発祥の地」と呼ばれている。

＊3　「宮崎町のおもてなしの心」をコンセプトに、各行政区の家庭料理や伝統料理を集め、「食の文化祭」という名称で開催。3 町合併後も「加美町食の文化祭」として継続して開催している。

＊4　循環バスを使って山梨県の甲州市勝沼、山梨市、笛吹市、甲斐市などを中心に複数のワイナリーやワイン産地を巡り、自分好みのワインを探したり、自然風景を散策する観光イベントである。

＊5　Arigato Japan は、日本におけるインバウンド向けの本格的なフードツアーとして、東京、大阪、京都、広島などでツアーを催行している。

＊6　温泉地をウォーキングして、温泉につかり、その土地ならではの食材を食べる観光として、インバウンドも意識した「ONSEN ガストロノミーツーリズム」と提唱。日本各地の温泉地を拠点に、「食」「自然」「文化・歴史」などの地域資源をウォーキングなどにより体感する事業を（一社）ONSEN・ガストロノミーツーリズム推進機構（事務局：㈱ANA 総合研究所）が 2016 年より展開している。

注

1 1992年に農林水産省グリーン・ツーリズム研究会中間報告では、グリーン・ツーリズムを「農山漁村地域において自然、文化、人々との交流を楽しむ滞在型の余暇活動」と定義し、その推進を提唱している。

2 2023年2月時点で各屋台村のホームページに掲載されている店舗数。

3 読売新聞朝刊「A級グルメ構想　邑南町見直しへ」(2023.2.1)

参考文献

朝倉敏夫(2022)『食の人文学ノート　日韓比較の視点から』花乱社

味の素食の文化センター(2003)「特集　食でまちおこし」『季刊ヴェスタ』50号、農山漁村文化協会、pp.1 - 36

綾野昌幸(2012)「第2章 自分の店がイベント舞台——バル」長坂泰之編著『100円商店街・バル・まちゼミ　お店が儲かるまちづくり』学芸出版社、pp.80 - 135

岩村沢也(2010)「B級グルメでまちおこし」『国際経営・文化研究』14巻2号、pp.95 - 103

尾家建生(2010)「フードツーリズムについての考察」『観光&ツーリズム』大阪観光大学観光学研究所所報

尾家建生(2010)「庄内に見るフード・ツーリズム・クラスターの形成」『日本観光研究学会全国大会学術論文集』25、pp.33 - 36

尾家建生(2011)「フード・ツーリズムにおけるガストロノミーの予備的考察」『日本観光研究学会全国大会学術論文集』26、pp.377 - 380

尾家建生(2013)「農家レストランにおける場所感とツーリズム」『日本観光研究学会全国大会学術論文集』28、pp.85 - 88

尾家建生(2019)「場所の味覚、フードトレイルと価値共創」『日本観光研究学会全国大会学術論文集』34、pp.49 - 52

クッド研究所・学芸出版社(2009)「特集　食の地域づくり」『季刊まちづくり』23 学芸出版社、pp.19 - 57

田尾和俊(2011)『超麺通団　讃岐うどんめぐり指南の書』西日本出版社

寺本英仁(2018)『ビレッジプライド』ブックマン社

日本都市計画学会(2013)「特集　食とまちづくり」『都市計画』304、pp.3 - 68

武藤慎一、水野佑実、澤田茜、佐々木邦明(2017)「山梨のワインツーリズムの経済効果計測」『土木学会論文集 D3(土木計画学)』Vol.73、No.5、pp.I_467 - I_481

安田亘宏(2016)『フードツーリズム論——食を活かした観光まちづくり——』古今

書院

愛 B リーグ HP、https://www.ai-b.jp

ARIGATO TRAVEL - FOOD TOURS JAPAN、https://arigatojapan.co.jp/

渥美半島観光ビューロー HP、https://www.taharakankou.gr.jp

ONSEN ガストロノミーツーリズム推進機構 HP、https://onsen-gastronomy.com/

国際一村一品交流協会 HP、http://www.ovop.jp/jp/

全国町村会 HP、「宮城県加美町／食の文化祭で地域の食文化を掘り起こす」
https://www.zck.or.jp/site/forum/1168.html

富士宮やきそば学会 HP、https://umya-yakisoba.com

道の駅とみうら枇杷倶楽部 HP、https://www.biwakurabu.jp/

安心院町グリーンツーリズム研究会 HP、http://www.ajimu-gt.jp/page0100.html

3章

欧米に見る
ガストロノミーツーリズムの
台頭

1970年代から80年代にかけて欧州を取り巻く社会構造の変革により、芸術・文化は一部の特権階級のものではなく、広く市民に開放されるべきものであるという考え方が広がった（菅野、2000）。1985年にEU加盟国において始まった「欧州文化都市」プロジェクトは1990年のグラスゴー（英国）での開催からポスト工業都市の再生プロジェクトとしての性格が強まった。

　その最初の成功例とされるグラスゴーは「スラムの都市」から「文化都市」へと再生を遂げ、「欧州文化都市」は1999年には名称を「欧州文化首都」に変更するとともに、各都市で1年間繰り広げられるイベントはビジュアルアート、パフォーマンス、合唱、ロックなどの音楽、建築、スポーツなど多岐にわたり、重工業都市から文化創造都市へと変貌する実験の場となった。

　本章では、欧州においてアートやパフォーマンスによって都市観光が変化するなか、生産地である農村とともに都市においても「食」に関わる地域の資産を活用した新しい観光モデルが誕生し、観光産業の急速な成長のなかでガストロノミーが観光開発の主要な要素となっていく先駆的な事例や政策を紹介する。

1 フードツーリズムのイノベーション

　およそあらゆる事業において「伝統と革新」は最も関心の高いテーマの一つである。産業革命後の英国にトーマスクックによって確立された近代ツーリズムは20世紀に向けて急速に発展したものの、二つの世界大戦をはさんで足踏みし、1945年以降に再び順調な成長を見た。そのため、観光産業は20世紀後半に伝統と革新が同時に生じるという様相を呈した。

　とりわけ、フードツーリズムのような新興の分野においては、既存の観

光のなかから「食と観光」のイノベーションがまずあり、そこから伝統が作られたとも言える。それは言わば、イノベーションというよりも正確には「イニシアティブ」なのであるが、21世紀への観光の重要な要因を含んでいた。

　フードツーリズムの開発期において、四つのイノベーションをあげることができる。一つは1950年代のオーストリアでの「ワインロード」であり、二つ目は1998年の英国のアラン島での「フードトレイル」、三つ目は1995年の英国のラドローにおける「フードフェスティバル」、四つ目が1999年に始まったニューヨークの「フードツアー」である。

　これらの事業は、いずれも当事者たちのガストロノミーへの情熱と急成長する観光産業の環境から生まれたフードツーリズムのビジネスモデルであり、現在、都市や地域の主要な観光戦略となっている。これらの観光商品は世界各地で定番化され、フードツーリズムの重要な推進力となり、21世紀のガストロノミーツーリズムの基本的なコンセプトを生み出した。

【1】欧米に広がるワインロード──ネットワーキングと共創

　南シュタイアーマルクワインロードはオーストリアの南部、スロベニアとの国境に近いシュタイアーマルク州南部に広がるワイン村を結んだ観光客のための「ワイン街道」である。第二次世界大戦後間もない時期、当初は開拓されたブドウ畑への農夫のアクセスの改善のため、ブドウ畑とワイナリーを結ぶ周辺の道が踏みならされた。やがてレジャーと観光のためにワインの直売と新酒を楽しむホイリゲ（ワイン居酒屋）や宿泊施設が開発され、1955年頃には、その地域はオーストリアで最も長い伝統を持つワインロードとなった。

　さらに、その地域にはワインだけでなく特産物をテーマにした観光ルートが開発され、パンプキンシードオイル（カボチャの種から作られるオイル）、サイダー（リンゴ酒）、チーズなどの食品をテーマにした観光ルートが開発

南シュタイアーマルクのブドウ畑 (提供：©Austrian National Tourist Office)

された。南シュタイアーマルクワインロードは観光戦略として世界で最初に確立されたネットワーク型の観光組織と言える。

　その後、世界的なワインブームとともに、アメリカのナパバレーにワイントレイルが開発されたのは1970年代である。1990年代にはワイン新世界と呼ばれるオーストラリアや南アフリカなどの南半球の国々にワインツーリズムブームが起こった。

　それらに先んじた南シュタイアーマルクワインロードはブドウ畑でのブドウ栽培、ワイナリーでのワイン製造、売店でのワインの試飲と販売、ホイリゲでの飲食、農家民宿やホリデーハウス・ホテルでの宿泊、そして郷土料理体験などを資源とするネットワーク型ワインツーリズムの基盤を創った。

　ブドウ栽培の景観と高品質なワインの魅力的な特徴によって、現在、南シュタイアーマルクは五つの自治体を結ぶヨーロッパで最も美しいワインロードとなっている。地元の観光局はワインロードをプロモートし、農業振興局はワイン農家への技術支援に責任を持つ。

今日、フードツーリズムの基盤となるワインクラスターはワイナリーとホイリゲ、レストラン、宿泊施設と小売業を含み、テロワールを総合的に体験のできるワインロードとなった。イタリアでは「イタリアワイン街道（ストラーデ・デル・ヴィーノ）」が国家的プロジェクトに発展し、郷土料理とその土地のワインを楽しむエノ・ガストロノミーが生まれた。21世紀には地域の食のテーマはワインから発展し、地域の「食文化」そのもの、つまりガストロノミーへと進化し、フードトレイルが生まれるのである。

【2】ガストロノミー体験のブランド化──フードトレイル

フードトレイルは2010年頃から欧米においてガストロノミーツーリズムの主力商品として開発が行われている観光商品である。現在、欧米に200近いフードトレイルがあると推定される。日本にもそれとよく似た「食の街道」が存在するが、実質には大きな違いがある。

トレイルとは英語で〈踏み跡〉を意味するが、フードトレイルは特定の地域、市町村、地区の「食文化」と「場所の味覚」を体験する、ガイドなしの観光コース商品である。

世界最初のフードトレイルの成功例は英国スコットランド西部のアラン島において1998年に始まった「テイスト・オブ・アラン」（アランの味覚トレイル）であった。

アラン島は英国の西北部、スコットランドの西沿岸部に位置する人口約5000人の島で、農業には過酷な自然条件下であるため、主に牧畜と食品加工を細々と営む資源の少ない島であった。そうしたなか、地域活性化に向け、まず観光への取り組みを選んだ。

美しい海岸線と野生動物の多い自然に恵まれた景観とともに、牧畜による良質な酪農製品や郷土料理、エールビールやウイスキーなど、島の生活は質素でありながらも都会にはない豊かさがアランにはあった。ランドマーク的な観光アトラクションはないものの、人口5000人の暮らす島には

伝統的な「フード＆ドリンク」があった。

　家族で営む牧場、伝統的な手づくりのチーズ工場、小さなアイスクリーム工場、スコットランド特有のオートケーキパンを焼く店、数々の受賞に輝くエールビール醸造所、手づくりチョコレートの店、アランウイスキー醸造所、そして少数のレストランとカフェなど、それら「アランの味覚」を体験できる立ち寄り先を結んだ「テイスト・オブ・アラン」がアラン観光協会によって開発され、航空会社の協力を得て英国内の主要都市部へのプロモーションを展開し、観光客の誘致を図った。

　アラン島を紹介する「ガイドブック」をプロのライターに依頼して制作し、島に到着する観光客に1ポンド（当時約200円）で販売した。徐々に観光客が増えるとともに、「アランの味覚トレイル」が浸透し始めると、滞在中の食事や土産に使う予算も増え、フードトレイルによる観光客誘致は成功した。

　さらに、アラン島ではフードトレイルの成功を活かし、一歩進めるために、2001年にアラン島での生産者と食品加工業者が共同事業会社を結成し、国の食品製造の品質と安全の保証認定制度（SAAL）を取得するとともに、同時にマーケティングとロジスティックの一本化をめざしてフードネットワークの会社であるテイスト・オブ・アラン社を設立した。

　同社の中心人物であり、経営部長のアレスター・ドブソンは、スコットランド中央部での流通業務を試行し始めた。アラン島の地理的な優位性は、離島ではあるが大都市のグラスゴー市の中心からフェリーと陸路で所要時間2時間という点にあった。それは他地域との競争を可能にした。

　最初のハードルは主要市場であるスコットランド全体に島の商品をいかに流通させるかであった。ドブソン自身が経営・製造するアイスクリームを、単独のサプライアーとして島から離れた市場に流通させるには、島の他の生産者との協働が欠かせなかった。共同事業会社として発足したテイスト・オブ・アラン社は冷凍車とドライバーの貸し切り契約に踏み切った。冷凍車を共同で購入し、アイスクリームを2時間離れたグラスゴーに直送

するなどして、都市部でのブランド化を強化した。

　ドブソンは、共同運営が通常、時間、専門家と資金が不足がちになり信頼を失う結果になりやすいと考え、グループメンバーをもっと増やそうと試み、数年で参加の事業者を10社に拡大させた。2017年には、テイスト・オブ・アラン社の販売の73％はグラスゴー地域での売上となり、残りをスコットランドで占め、残りのイングランドとEU諸国に対してはわずかである。

　テイスト・オブ・アランの成功と発展をモデルに、その後、地域の「本物の味覚」をテーマにしたノンガイドのフードトレイルはフードツーリズムの最も優れた手法として英国をはじめ、カナダ、オーストラリア、アイルランド、米国など世界中で展開されている。

　欧米のフードトレイルは、日本で見られる名物料理を提供するだけの飲食店マップである「食の街道」とは異なり、その地域の「ガストロノミー＝生産と味覚の体験」をテーマとして、生産者、食品加工、レストラン、カフェ、醸造所、直売所などの食に関わる異業種のトレイルスポットを自由に回るノンガイドのマップであり、会員組織によって運営される観光コース商品である。

　英国の観光学者であるサリー・エベレットはフードトレイルの特徴をこう述べている。「フードトレイルは連携、交流、ネットワーキングと協働によるソーシャルキャピタルに重点がおかれており、新しいテイストスケ

壮大な自然が豊かな酪農と観光のアラン島（英国スコットランド）（出典：Machrie Bay with Beinn Bharrain © Ian Clydesdale）

アラン島の新鮮な食材を使った酪農製品を組み合わせたギフトボックス

ープ（食の景観）の創造に貢献する」（エヴェレット、2016、pp.264-265）。フードトレイルは「場所の味覚」をテーマにした観光商品であり、生産者・事業者と観光客が出会う場となり、新たな価値が生まれる共創の場となったのである。

【3】フードフェスティバルからグルメ都市へ

英国の中西部のバーミンガムの西に位置するラドローは人口わずか1万人の町である。中世のチューダー様式の建造物の残る城塞の街でもあるが、近年、周辺の生産地域を背景に、「ラドロー・フードフェスティバル」の開催地として知られ、食通の街としても知られている。

ラドロー・フードフェスティバルは地元の商工会が1995年に、ラドローとその周辺地域のビジネスイメージを高めるため「とにかくやってみよう」とスタートした。商工会はメンバーである地域の食べ物や飲み物の小規模な生産者を宣伝し、ラドローの魅力的なショップ、レストラン、パブの探索を促進するフードフェスティバルを企画した。

会場は、伝統的な野外市場のある城の広場に設定し、翌年からは城内にも拡大した。フードフェスティバルは、会場での出店に加え、ラドローの街なかの6軒の肉屋やソーセージの専門店を巡る「ソーセージトレイル」と組み合わせた。

ラドローはフードフェスティバルを成功させ、トップクラスの品質の生産物により一流シェフの目にもとまり、ラドローのレストランのシェフ、食品店、中世の城のある街並み、そして田園風景もまた、全国のマスコミやメディアの注目を集め始め、今日では、町の周辺に数多くのレストランが集まる卓越した料理の中心地として有名になった。

1999年のフェスティバルでは訪問者数が1995年開始からの実質2倍になり、2000年には1万2000人を超える有料の顧客が城内の特設テント村を訪れた。2006年には驚異的な記録を達成し3日間で1万7100人が城に入

ラドロー・フード・フェスティバルの会場

ラドロー・ファームショップ
ラドローの町から2マイルの郊外にあり、レストラン＆カフェが併設されている

り、2007年には2万人に達した。それ以来、フェスティバルは成長し、2010年にはミシュランガイドブックの星を獲得した才能あるヘッドシェフ、ウィル・ホランドをラドローに迎えた。2010年には来客数のピークを迎え、2万1000人以上の食品愛好家がイベントを楽しんだ。

　参加者数の増加により、イベントの裏方であるチームはスタッフを増やし、フェスティバルでは現在、イベントのマネジメント業務のために年間を通じて二人の常任スタッフを雇用している。2012年には日本の雑誌にも「イギリス随一のフードフェスティバル開催——ラドローを巡る」と紹介された。

　現在では、メインの9月の「秋祭り」に5月の「春祭り」と8月の食べ物と飲み物の散歩を意味する「マグナロンガ」も加わり、三つのイベントがフードフェスティバルの柱となっている。

　ラドロー・フードフェスティバルは「非営利団体」の組織によって運営されている。地元の人々がメンバーであり、メンバーからボランティア委員が集まっている。フードフェスティバル事務局が余分の収入を上げたとき、その財源により食べ物に関連する地元の団体を支援した。たとえば、2012年から2016年までの4年間で、現物のサポートに加え3万5000ポンド（約520万円）を寄付した。

　さらに、元の農産物直売所がフェスティバルの基金によって、10のキ

ッチンを備えたデリ・カフェ「ラドローフードセンター」が常設の新しい施設として2013年に完成した。ラドローフードセンターは、英国で最高のファームショップ、最高のマーマレード、最高のブルーチーズ賞を受賞した。

　2017年には財団となるマーチズフードマターズ（MFM）が設立され、業界に参入するための実践的な支援を求める起業家を支援し、食糧問題に関する教育イニシアティブに資金を提供した。また、ラドロー・マーチ地方の食料貧困の人たちへの支援団体にも協力している。

　ドイツのミュンヘンのビール祭り「オクトーバーフェスト」のような長い歴史を持つフードフェスティバルは別格としても、ヨーロッパには世界的に有名なフードフェスティバルは少なくないが、その多くは第二次世界大戦後に始まったものである。したがって、ラドローフードフェスティバルが特に目新しいというわけではないが、それがイノベーションである由縁はグローバル化された現代社会において、都市のフードフェスティバルのように大手企業や銀行、メディアなどのスポンサーに頼ることなく、地方の小さな町が地元のスポンサーと住民ボランティアと連携しローカル色の豊かな、手づくりの、持続可能なフードフェスティバルを育て、地域の経済に貢献しているということである。

　2023年9月8日〜10日に予定されているラドローフードフェスティバルのホームページには冒頭に THE ORIGINAL FESTIVAL FOR FOOD AND DRINK LOVERS（食べ物と飲み物の愛好者のためのオリジナル・フェスティバル）のキャッチフレーズが飛び込んでくる。ラドロー町民の誇りが「オリジナル（最初の、独創的な）」の言葉に込められている。

【4】グルメ体験の定期観光——ニューヨーク・フードツアー

　米国人のトッドら4人の少年たちが15歳のとき、退屈なニュージャージーから初めてニューヨークを訪れたのは1977年だった。マンハッタンの

街はトッドたちを興奮させとりこにしたが、2度目に行ったときグリニッジビレッジ界隈のエスニックの安い飲食店や食品店がとりわけ気に入り、以来彼らはグリニッジビレッジに通い詰めた。とりわけ夢中になったのが、マクドゥガル・ストリートで、そこには屋台から世界のレストランまでの25の飲食店がそろっていた。なかでも、ヤタガン・ケバブハウスは中東の映画に出てくるシーンそのもので、最もユニークだった。

　彼らが20歳代になると、グリニッジビレッジ地区の隅から隅までの店を知り尽くし、友達がデートに行くときはトッドに頼むと、行くべき店の完璧なコース表を渡してくれた。トッドはそれを「フードツアー」と呼んだ。「フードツアー?」、誰もそんな言葉は聞いたことがなかった。そして36歳のとき、トッドはグラフィック・デザイナーの仕事を辞め、フーズ・オブ・ニューヨークツアーズを創業した。

　ツアーは16名までの小グループにガイドが付き、歩いて7〜8店を案内し試食する3時間の食文化体験ツアーである。フーズ・オブ・ニューヨークツアーズ社が創業されるまで、名所旧跡を巡る定期市内観光ツアーは世界中の観光都市で行われていたが、定期で実施される食べ歩きツアーはフーズオブニューヨークツアーズが世界で最初であり、それは世界中の美食都市での定番となった。

　現在、ニューヨークではチョコレートツアーや有名ピザ店巡りなどの食べ歩きツアーや食べ歩き専門旅行会社も増え、パリ、ロンドン、フィレンツェ、バルセロナ、ダブリン、サンフランシスコなど国際観光都市に瞬く間に広がり、食文化体験ツアーとして定着している。日本の東京、大阪、京都でもはとバスの「築地のお寿司と老舗のうな重」江戸の味覚ツアーやアリガトウ・ジャパン社の京都先斗町食べ歩きツアーや大阪黒門市場食べ歩きツアーなど多数のフードツアーが催行され、インバウンド観光客の人気になっている。

　2015年10月に米国のシカゴで、そうした食べ歩き観光会社が集まる第1回グローバル・フードツーリズム・カンファランス(GFTC)が民間ベース

スコッツピザツアー
ニューヨークで人気の「有名ピザ店
巡り」

ポートランドのフードツアー
左の女性がガイドさん（米国オレゴン州）

で開催され、翌2016年のシアトル大会では世界の83社（米国・カナダ71社、その他海外12社）のフードツアー会社が参加し、ガイド教育やマーケティング、マネジメントなどをテーマに議論された。新型コロナパンデミックによって、中断はしているものの、いずれ復活すると見られる。旅行者が、手軽に半日でその町の食文化のエッセンスを体験できる「フードツアー」は、ガストロノミーツーリズムの代表的商品と言える。

2 地域開発のエンジンとしての ガストロノミー

ガストロノミーの概念が早くから料理界やホスピタリティ産業に定着していた欧州では、観光地における食べ物や飲み物が観光の差別化につながることが主張され始めると、観光政策の中心となっていた文化観光に食文化が加わり、並行して、観光研究においては「ガストロノミー」と「ツーリズム」の関係を探求する研究者が1990年代に増え始めた。

ガストロノミーが地域住民のアイデンティティと資産であるだけでなく、観光客にとって訪問地の代表的な文化の一つであることが認知されると、

ガストロノミーは地域と都市観光の重要な資源であると注目された。その地域のユニークな料理やレストランによる観光開発が次世代の観光課題となった。

　観光研究では2002年に『ツーリズムとガストロノミー』（Hjalager & Richards eds., 2002、ルートリッジ社）が出版され、次いで『世界のフードツーリズム』（Hall ed., 2003）、『カリナリーツーリズム』（Long ed., 2004）などが相次いで出版されて、観光開発と観光政策においてガストロノミーは欠かせない要素となった。さらに、ユネスコの創造都市ネットワークや同じくユネスコの無形文化遺産などに導入されたガストロノミーの概念についての議論を通じて、ガストロノミーと地域や都市との関係性が明らかになった。すなわち：

- ガストロノミーは新しい文化と創造の産業の源である。
- ガストロノミーは知識、伝統、記憶、イメージの集積であり、観光体験そのものとみなされる。
- ガストロノミーはシェフ、生産者、評論家、ジャーナリスト等のステークホルダーを構成する。
- ガストロノミー体験の鍵は景観と文化との関係である。
- ガストロノミーは農業経済を多様化し、仕事を創造し、地域の魅力を増し、文化遺産を支援し、コミュニティへの帰属意識を高め、観光シーズンを延ばし、農業生産や地元産品の生産を活性化する。
- ガストロノミーは町のイメージを向上させることができる。

　このように、ガストロノミーは地域開発のエンジンとなることができるとされている。

　ガストロノミー・シティー、すなわち「美食都市」とは食べ物と飲み物を通じた文化、食習慣（フードウェイ）、風景、祝祭などを集大成した都市経営戦略である。それは生産から消費までの「飲食」に関わるステークホ

ルダーと消費を統合した地域戦略でもあり、地域のガストロノミー資源を
開発し、観光の魅力や価値を創造するとともに住民のライフスタイルの質
の向上にも結びつくことができる。

【1】国連世界観光機関と欧州旅行委員会の動向

　国際観光産業のシンクタンクでもある国連世界観光機関（UNWTO）はフ
ードツーリズム研究の集大成として2012年に『フードツーリズムに関する
グローバルレポート』を発行し、観光業界のフードツーリズムに対する関
心の高まりを方向づけた。同年に、経済協力開発機構（OECD）ツーリズム
委員会は報告書『食とツーリズム体験』を発行した。それらのレポートは
いずれもフードツーリズムの理論的解説と各国の事例を含み、ガストロノ
ミーとツーリズムの関係性をめぐる理論と実践を急速に拡大させた。

　一方、2000年に世界の国際観光の57％を占めていたヨーロッパの市場
シェアー（到着客数）はアジア・太平洋地域のインバウンド客数の急成長
により2013年には52％に減少し、2014年には過去最高の5億8千8百万人
の国際観光客をマークしたものの、2030年には41％になると予測されて
いた。

　危機感をいだいた欧州旅行委員会（European Travel Commission）はそれ
まで主力であった歴史・文化・遺産に加え、「汎ヨーロッパのテーマ」と
してガストロノミー（美食）、健康とウェルビーイング、スポーツアクティ
ビティ、宗教ツーリズム、ショッピングの強化を図るためハイタッチ（ふ
れあい）、オーセンティック（本物）、ハイクラス（高級）、ダイバース（多様
性）を柱とした価値とUSP（独自の売り）向上のプロモーション戦略である
「デスティネーション・ヨーロッパ」キャンペーンを立ち上げた（ETC、
2015）。

　そしてヨーロッパのガストロノミーとその関連した伝統と商品は持続可
能で、高度な質の観光デスティネーションとしてのヨーロッパのイメージ

に高いポテンシャルを持つことが確認され、デスティネーションのすべてのステークホルダーは地域、広域圏と国の経済開発を刺激し、観光を多様化するためにガストロノミーが果たす重要性に気づくようになった。それは雇用、文化開発と協働にプラスに影響し、デスティネーションの全般的な意識とイメージを向上させることに寄与した。

　具体的には、観光商品ツールとして欧州内と海外マーケット30歳〜50歳代の観光客をターゲットとして「ヨーロッパ・ガストロノミー・ポータル」が開発され、ヨーロッパ全土のガストロノミーツーリズムのプロモーションが行われた（ETC、2014）。

【2】美食都市の登場

　20世紀に美食で知られた都市は、欧米の主要メディアのランキングにより食の都やグルメ都市と呼ばれていた。21世紀に入り、都市と食文化の関係を表現する用語としてガストロノミーシティーやシティー・オブ・ガストロノミー（以下、美食都市）が使われ始めた。

　国連機関の一つであるユネスコが2004年に発足した「ユネスコ創造都市ネットワーク」（以下、UCCN）は、都市開発の主要な要素として創造性を認識した都市間の連携を促進するため、工芸、デザイン、文学、映画、音楽、メディアアート、ガストロノミーの7分野において、国際的なネットワークを活用するものである。

　現在、UCCN には7分野にわたって295都市が加盟しており、その内ガストロノミー分野は50都市である（2022年2月時点）。ユネスコ創造都市ガストロノミー分野への加盟を希望する自治体は UCCN のガイドラインに従って企画書を作成し、国を通じて申請をすることになっている。そのガイドラインは次の8項目から成っている。

　①都市の中心や周辺地域の特徴的なガストロノミーの発展

②数多くの伝統的レストランやシェフの活気に満ちたガストロノミー・コミュニティ

③伝統料理に使われる地元固有の食材

④産業と技術の進歩を生きぬいた地方のノウハウ、伝統的な料理実践と調理方法

⑤伝統的食品マーケットと伝統的食品産業

⑥ガストロノミー・フェスティバル、アワード、コンテストとその他の対象を拡げた表彰手段を主催する伝統

⑦環境を尊重し、持続可能な地元の製品を促進する

⑧一般市民の評価の育成、教育機関における栄養の促進、および料理学校のカリキュラムへの生物多様性保全プログラムの組み込み

　これらの基準項目のうち、まず、ガストロノミーという言葉が使われている項目に着目すると、①、②、⑥の3項目であり、都市の中心や周辺地域の特徴的なガストロノミーの発展、伝統的レストランやシェフのガストロノミー・コミュニティ、そしてガストロノミー・フェスティバル、アワード、コンテストを指す。また、項目③、④、⑤の伝統料理に使われる地元固有の食材、伝統的な料理実践と調理方法、伝統的食品マーケットと伝統的食品産業からは伝統的な生産物、食品、産業が関係している。そして、項目⑦、⑧の地元の生産物の環境と促進に対する尊重、栄養の促進と生物多様性の保全プログラムなどは市民生活やコミュニティに伝統的な生産物が根づき、健康的で生物多様性を尊重する市民像と結びついている。

　このようにUCCNのガイドラインからは、ガストロノミーの多面的な要素の核となる「市民の食文化への愛着と誇り」、つまり「シビックプライド」が都市の新たな創造産業を生み出す重点とされている。

　ガストロノミーシティー、すなわち「美食都市」とは食文化、食習慣（フードウェイ）、食の風景（フードスケープ）、祝祭（フェスティバル）などを統合した都市経営戦略である。それは生産から消費までの「飲食」にかかわる

ステークホルダーと消費を集大成した地域戦略でもあり、地域のガストロノミー資源を開発し、観光の魅力や価値を創造するとともに住民のライフスタイルの質の向上にも結び付くとされた。

【3】欧州連合のアーバクト（URBACT）——美食都市プロジェクト

ユネスコ創造都市ネットワーク（UCCN）と同時に、美食都市に組織的に取り組んだのは欧州連合（EU）であった。

EUは、経済の成長は都市の発展なくしてありえないとの考えから、直面するさまざまな都市問題を解決するために2002年に経済的、社会的、環境的次元を統合して持続可能な問題解決をめざす都市の実践的支援策と位置づけたヨーロッパ都市再生プロジェクト「アーバクト」をスタートさせた。

その特徴は、さまざまなテーマに基づくEU諸都市の「持続可能な都市開発」を促進するネットワーク型の都市再生・都市創造の「交流と研修プログラム」にあり、参加都市の行政担当者と都市政策に関与する専門家がリーダー都市のグッドプラクティス（優れた取り組み）と教訓を分かち合うことにあった。

2002～2006年にアーバクトⅠが実施され、38プロジェクトに合計217都市が参加した。さらに、2007～2013年にはアーバクトⅡが181都市の参加により29のプロジェクトにより実施された。

その運営の要点は、多様なプロジェクトにエントリーを希望する6～12都市が参加し、リードパートナー都市を中心に2～3年間一緒に討議し、リードパートナーの成功事例を共有し、目標達成に向けて協働するものであった。財源はヨーロッパ地域開発財団によって準備された予算合計額約6900万ユーロ（約96億6千万円）が充てられた。

ガストロノミーシティー（美食都市）をテーマとする「美食都市開発プロジェクト」はその一つであり、2013年12月から2015年3月にかけてブル

ゴス（スペイン：人口18万人）、フェルモ（イタリア：人口3万9千人）、アルバ・ユリア（ルーマニア：人口6万3千人）、コリダロス（ギリシャ：人口6万3千人）、ルスピタレート・ダ・リュブラガート（スペイン：25万3千人）の5都市が参加して行われた。

　プロジェクトの目的は観光と雇用開発のツールとしてのガストロノミーを活かした都市開発であり、リードパートナーを務めたブルゴス市の美食都市としての成功体験となったガストロノミーの最良の経営実践を参加都市へ伝授することにあった。

　リードパートナーに選ばれたブルゴス市はスペイン北部の人口18万人の都市であり、ユネスコに登録された三つの世界文化遺産を誇る文化遺産都市である。一つはブルゴス市の中心部にそびえる中世ゴシックのブルゴス大聖堂であり、二つめはカトリックの聖地であるサンティアゴ・デ・コンポステーラへの巡礼路が市内を通ることであり、三つめは郊外にあるヨーロッパ最古、先史時代のアタプエルカ遺跡であり、その関連施設である極めてユニークな「人類進化博物館」が市内にあることである。

　そうした文化遺産の持続可能性をガストロノミーによってさらに高めようという趣旨で2012年にフードフェスティバル“ブルゴスを食い尽くせ（デボラ・エス・ブルゴス）”を開催し、その成功と実績から2013年には「ス

アーバクト・美食都市開発の
研修会の模様

プロジェクトリーダーであるブルゴス市の
美食地区
観光客と地元住民がともに集う

ペインの美食首都」に選ばれ、さらに2015年にはユネスコ創造都市ネットワーク・食文化部門への加盟を果たした。

　5都市による「美食都市開発プロジェクト」は、EUの強力なイニシアティブと推進体制のもと、リードパートナーであるブルゴス市の開発したプログラムの研修と交流により、1年4か月の期間で行われた。

　EUによって参加都市に義務づけられたローカルアクションプラン（LAP）は、各都市が独自に作成する目標、活動計画、結果であり、さらに研修内容の現場での実践部隊とも言える地元住民の組織づくりと、推進体制であるローカルサポートグループ（LSG）の育成を参加条件として重視したため、参加都市からは実務家と選抜された職員だけでなく、公的機関、大学、研究機関のメンバーも参加した。ここで、LSGは参加都市の再生に地元の主要関係者を広く深くかかわらせるための、対象地区に密着した中核となる機関である。

　研修会のプログラムは「交流と研修」「社会的共通資本化」と「コミュニケーションと普及」の3段階のオペレーションのもとにガストロノミーをテーマとしてパートナー都市間のワークショップが実施され、専門家を含めて「社会的共通資本化を実現するためのツール」の研究が実施された。

　参加都市の持ち回り会場の様子は逐一、EU内で共有された。報告された美食都市開発プロジェクトの重要なメッセージを要約すると下記のとおりである。

- ガストロノミーは強力な国際的・経済的および社会的活動となり、都市のより良い経済的パフォーマンスとイメージに大きく貢献する。
- ガストロノミーは、他の多くの経済、社会、学術分野を統合して引き付け、地域経済全体により大きな影響を与える。
- ガストロノミーは、従来からもさまざまな社会的、文化的、経済的条件、環境に取り入れられ、多かれ少なかれ実施されている。
- 観光、文化、レクリエーション、教育に加えて、ガストロノミーは都

市の革新的で経験豊富な経済の強力な柱である。

- ガストロノミーはまた、研究に基づき教育的、科学的な職業分野になった。
- ガストロノミーは、市民の社会化を促進しながら、街の通り、広場、オープンな場所に活気のある雰囲気と人間味を与える。
- ガストロノミーは、短期間に具体的な結果を示すために大きな投資を必要としない。
- ガストロノミーには特別な都市政策や費用のかかるインセンティブは必要ないが、宣伝やマーケティングのサポートは必要である。
- ガストロノミーは季節によって影響を受けない。それどころか、ガストロノミーは季節の農産物や食品を最大限利用できる。

　以上のようにガストロノミーの都市戦略は観光と雇用のツールとなることが報告されている。

【4】スペインの美食首都キャンペーン

　スペインで2012年に始まった「スペインの美食首都」（Capital Espanola de la Gastronomia）は食文化による観光促進と雇用効果を目的とし、毎年数都市の応募候補から1都市を選定して美食都市の促進の活動を国内外に向け集中的に行う事業である。その選定はホスピタリティ連盟（FEHR：スペイン国内の74の外食産業組合からなり、36万の飲食サービス業、130万人の従業員をかかえる）と旅行ジャーナリスト＆観光作家協会（FEPET）のほかスペイン政府観光局および国内外の関係機関からの委員からなる審査委員会によって行われる。このプロジェクトの主な目的は以下のとおりである。

- 観光分野におけるアクターとのコラボレーションにより、重要な資産としてのガストロノミーの統合を図り、都市の文化的価値を向上する。

ガストロノミーは今や世界中に認識されたスペインの主要アトラクションの一つである

- メディアを通じて美食首都の普及を図り、その地域の料理と農業食品の普及促進に貢献する。
- 原産地呼称保護制度のシールで品質保証された食品製品の販売促進活動のプログラムを推進し、地理的表示と伝統特産保証を保護する。
- インバウンド観光の成長と促進のために外食産業やホテルによって開発された美食の卓越したプログラムや取り組みを提案する。
- 365日にわたる事業にはスペインの美食首都の可能性を可視化するための100以上の活動を含む。
- 美食首都の実践により蓄積される社会資本がスペインのガストロノミーを高め、スペインを世界第一級の国際観光地の一つであり続けるともに、停滞する国内観光を再生する。

手法としては1年間イベントを繰り広げる「ヨーロッパ文化首都」に似ているが、外国人には知られて来なかった地方の美食都市が掘り出され、何よりもスペインのガストロノミーの再発見にも大きな効果が期待される。

スペイン美食首都は2012年ログローニュ、2013年ブルゴス、2014年ビトリア・ガスティス、2015年カセレス、2016年トレド、2017年ウエブラ、2018年レオン、2019年アルメニア、2020-21年ムルシア地方、2022年サンルカル・デ・バラメダで開催され、これまでに10都市が「スペインの美食首都」の称号を得ている。

【5】国際ガストロノミー・文化・アート＆観光研究所

ガストロノミーが都市戦略の不可欠な要素になり始めると、個性的であり、かつ多様な要素からなる地域の観光開発に多角的な分野——ガストロノミー、文化、アート、ツーリズムの専門家集団であるプラットフォーム

が設立された。EUのバックアップで2012年にスペインのバルセロナ郊外サン・ポル・ド・マールに設立された非営利団体国際ガストロノミー・文化・アート＆観光研究所（イグキャット：IGCAT）である。

　イグキャットとはInternational Institute of Gastronomy, Culture, Arts and Tourismの略称であり、ガストロノミー、文化、アート、観光の各分野の世界的な専門家（46名）によって組織されているプラットホーム型の地域開発研究団体である。

　　「イグキャットはEU内の地域の独自のガストロノミー、文化、芸術
　　と持続可能な観光資産を保護し促進する重要性の意識を高めること
　　によって、地域コミュニティに活力をもたらすことを目的とし、そ
　　の事業は、地域住民の地球環境、健康、地域経済に影響を与えるグ
　　ローバル化した食のトレンドに対してバランスを取るために不可欠
　　である」（IGCATホームページ）

　その中心的な事業は、ヨーロッパの地方で起こっているエキサイティングな開発を評価するガストロノミー地域賞（Region of Gastronomy Award）である。2016年にスペインのカタルーニャ地方とポルトガルのミーニョ地方をまず選考した。その後、毎年、受賞地域を選びプロジェクトを推進している。

　ガストロノミー地域賞の目的は次のとおりである。

• 観光を活性化し雇用を増やす地域開発のノウハウと経験を共有する。
• マーケット横断的な事業機関を通じて、地域のガストロノミー、食品、ワイン、料理の独自性を紹介する。
• 地域レベルおよび欧州レベルでの食品の本質的なつながり（フードウェイまたはフードルート）を強調する。
• 共同プロジェクトを通じてヨーロッパのガストロノミーの統一性と多

様性を際立たせる。

・あまり知られていない地域へのアクセスを提供することで、コミュニティ間の社会的結束ときずなを促進する。

・ヨーロッパの食品およびガストロノミービジネスがグローバルレベルで競争できるように、ガストロノミーの創造性とイノベーションを促進する（IGCAT、2016）。

　これまでの選考ですでにヨーロッパ内の14地域でプロジェクトが進められており、たとえば第1回選定のスペインのカタルーニャ地方では、1800以上の公的、民間、第三セクター、および学術団体がすでに地域の利害関係者グループの一部として登録し、この賞が焦点を当てている原則を支持している。

　カタルーニャ地域はバルセロナを中心に、すでにスペインを代表する観光エリアとして確立されているが、ガストロノミー、文化、観光の統合をめざすことにより、現代のライフスタイル、特にグローバル貿易と輸送ネットワークにおいて広がっているグローバルフードモデルの代替として、「持続可能なローカルフードシステム」を模索している。それは生産、加工、流通、アクセス、消費、資源／廃棄物の再生の循環に基づく持続可能なフードシステムである。

　2016年から2024年までの「ガストロノミー地域賞」は下記のとおりで、17地域が決まっている。

2016　カタルーニャ（スペイン）、ミーニョ（ポルトガル）

2017　リガ・ガウジャ（ラトビア）、オーフス中央デンマーク（デンマーク）、東ロンバルディ（イタリア）

2018　ノースブラバント（オランダ）、ゴールウェイ（アイルランド）

2019　シビウ（ルーマニア）、南エーゲ海（ギリシャ）

2020　クオピオ（フィンランド）

2021　スロベニア（スロベニア）、コインブラ（ポルトガル）

2022　メノルカ（スペイン）、トロンハイム（ノルウェー）

2023　オード・フランス（フランス）

2024　アスィール（サウジアラビア）、サイマー（フィンランド）

　これらの地域ではガストロノミーが地域の文化、アート、観光の統合の核となり、地域のステークホルダーを発展させ、地域の創造性とイノベーションの原動力となることが実践されている。2024年度からはEUの枠を超え、国際的な研究所となった。イグキャットの地域力を養うガストロノミーを核とした総合的な取り組みは、単発的なブランディングを求めがちな日本の地域にとっても参考になると思われる。

　イグキャットは、さらに若手料理人育成のヤングシェフ賞、土産品の開発を促進するローカルフードギフトチャレンジ、観光体験のトップビジターエクスペリエンス、フードフィルムメニュー賞などの事業を設立している。フードフィルムメニュー賞は地域の食文化に関連する伝統を促進する映像・視聴覚の重要な役割に注目し、世界中の地域とその食品遺産にスポットライトを当てた若手監督を奨励するアワードである。

　イグキャットの会長であるダイアン・ドッドはこう述べている。「ガストロノミーはおいしい食べ物以上なのです。もちろんおいしい食べ物はロ

2020年のガストロノミー地域賞に決まったクーピオ（フィンランド）

2019年のヤングシェフ賞授賞式の模様

ーカルフードの商品と質を確約するものですが、しかしそれはまた、持続可能性を確約する伝統的レシピに基づく新商品のデザインにおいて起業家精神とイノベーションを励ますと同様、文化的伝統とフェスティバルを支え、食の遺産と習慣を高めことでもあるのです」(Diane Dodd, 2018)。

【6】フランスの国際美食都市ネットワーク

　2010年に「フランスのガストロノミー」がユネスコ無形文化遺産に登録された。これは無形文化遺産のなかで初めての食文化分野からの登録であった。食文化が「世界遺産」として認められた意義は極めて大きく、フランスがこれまで築きあげてきたガストロノミーが人類に意義のある概念となった証左でもある。

　フランス政府はガストロノミーの無形文化遺産登録を記念して、「国際美食都市」を募り、2016年にディジョン市、リヨン市、ランジス市、トゥール市の4都市を「国際美食都市」として選定した。国内の都市に関わらず、「国際」としたところがフランスらしいが、これらの4都市をフランスの食と料理のイノベーションおよび観光客、料理学校の学生、シェフの国際的な教育のセンターとして位置づけ、各都市の食文化の特徴を活かしたテーマに基づいた施設をめざしている。

　ブルゴーニュワインやエスカルゴで有名なディジョンには「ワインの文化と伝統」のテーマにより、市内の元総合病院の敷地2万6千 m² にガストロノミー博物館とともにキッチン、野菜畑と果樹園などの複合交流施設を2022年にオープンした。敷地内にはその他四つ星ホテル、クッキングスクール、ソムリエスクール、ビノテラピー・スパ、マルチメディアホール等を備え、フランス政府は年間35万人の入場者を見込んでいる。食通の町らしく、ディジョン市内には5軒のミシュランの星付きレストラン、ホテル、マスタードなどの特産物を売る市場などがあり、ガストロノミー博物館とともに名実ともにフランスの美食都市となった。

国際的にもグルメ都市として知られたリヨン市のテーマは「健康と栄養」である。リヨンの病院の研究者とローヌ・アルプ地方の原産地登録されている58の食品生産者、ポールボキューズ学校、辻料理学校とル・ロイヤルの料理学校の料理人との連携のもと、旧慈善院のグランオテル・ディユーに施設を設け2019年10月にオープンしたが、コロナ・パンデミックの影響もあり2020年7月に閉館が発表され、その後2022年10月に再オープンした。

　パリ都市圏に属するランジス市は世界最大の食品卸売市場のある町として有名であるが「都市への食料供給のイノベーション」をテーマに2026年開業の予定でランジス市場の横に建設が進んでいる。若者向けの食べ物と栄養についての教育センターとなることが予定されている。

　フランス西部のロワール渓谷に位置し「ロワールの女王」と呼ばれるトゥール市には食と社会生活のつながりを研究する「食科学と文化」の開設が既存の建物を利用して予定されている。

　これとは別に、ワインの産地として名高いボルドーには2016年に斬新なデザインの「ワイン博物館」が誕生し、すでに新名所となっている。

　ガストロノミーという言葉がフランス料理を意味する時代は20世紀に終わったとはいえ、歴史的にガストロノミーの先端を歩んできたフランスの国家的事業だけにこれら四つの国際美食都市のインパクトは大きい。ガストロノミーを観光と文化の国家戦略とするフランスのしたたかさは健在であり、学ぶべき点も多い。

参考文献

和泉汐里、阿部大輔（2020）「EUのネットワーク型プログラム・URBACT Ⅲにみるコミュニティ再生手法の特徴」『日本都市計画学会関西支部研究発表会講演概要集』18巻、pp. 61 - 64

　　https://www.jstage.jst.go.jp/article/cpijkansai/18/0/18_61/_pdf

菅野幸子（2000）「欧州における芸術と社会との関わり」『文化経済学』第2号

高澤由美（2012）「欧州における"プログラム型"都市ネットワークの特徴——

UBACT Ⅱ プログラムを事例として」『日本建築学会計画系論文集』第77巻第676号、pp.1391 - 1396）

吉村典子（2005）「グラスゴーの都市再生プロジェクト──文化都市の確率とその後：「未来の家」を例に──」『デザイン理論』47

渡部薫（2009）「都市の自己イメージの変化と都市再生」『熊本法学』118号

Diane Dodd（2018）, https://visitdubrovnik.hr/2018/10/gastronomy-diane-dodd/（October17, 2018 / BLOG）

ETC（2014）Tasting Europe: Discover European Gastronomy! - Visit Europe
https://www.youtube.com/watch?v=G6Fn1uZVuD4

ETC（2015）2015年4月14日欧州議会運輸観光委員会資料
https://www.europarl.europa.eu/cmsdata/81202/ETC_Eduardo%20Santander.pdf

Foods of New York Tours, https://www.foodsofny.com/about-us/about-us-overview

Global Food Tourism Conference, https://www.globalfoodtourism.com

Hall, M. & Sharples, L.（2003）*Food Tourism around the World*, ELSEVIER

Hjalager, A.M. and Richards, G. eds.（2002）*Tourism and Gastronomy*, Routledge

IGCAT, https://igcat.org

Ludlow Food festival, http://www.foodfestival.co.uk

Long, M. L.（2004）*CULINARY TOURISM A Folkloristic Perspective on Eating and Otherness*, The University press of Kentucky

South-Styrian-Wine-Road, https://velvetescape.com/south-styrian-wine-road

4章

欧米はなぜ
ガストロノミーを重視
しているのか

3章では観光と食の関係がフードツーリズム（あるいはカリナリーツーリズム）と呼ばれて観光の一形態となり、ワイン街道やフードトレイル、フードフェスティバル、フードツアーなどのビジネスモデルが欧米から世界に普及したことを紹介した。さらに、ガストロノミーという概念を導入することにより、観光開発や観光政策においてガストロノミーツーリズムへの新たな展開が試行されている。

　「はじめに」で述べたように、ガストロノミーという言葉は日本語では「美食術」や「美味学」と訳されているため「美食」という言葉に惑わされる面もあり、事実、美食とは王侯貴族の料理文化に代表されるのであるが、近代の欧米では人々が食べ物・飲み物との関係を模索する概念、あるいは食のあるべき理念として使われている。

　古代ギリシャ語のガストロノミアの語源そのものは、「ガストロス」が消化器を意味し「ノモス」は法則を意味する。したがって、ガストロノミーには「胃腸の法則」という直訳が当てはまるのであるが、一方で、語源のガストロノミアは天文学を意味するアストロノミアのアナロジー（類推）とも考えられている（『オックスフォード英語辞典』1989、p.391）。つまり、アストロノミー（天文学）が宇宙の星の運行の探求であるように、ガストロノミーは人体における飲食の作用を探求する科学的な体系をめざす言葉とも考えられる。つまり、ガストロノミー（人体と食の法則）はアストロノミー（天体の法則）の比喩とも考えられる。本章では、あらためてガストロノミーの言葉の誕生と歴史を振り返り、現代におけるその意味を探りたい。

1 ガストロノミーの誕生

　ヨーロッパ文明の源流はギリシャにあり、とはよく言われることであるが、それは哲学や彫刻芸術だけでなく食文化についても同様であり、おそ

らくは人類定住後の食文化の源流の一つが古代オリエント（もしくはメソポタミア）と並んで古代ギリシャにもあった。

　『会誌食文化研究』の資料「比較食文化史年表（ヨーロッパおよびアメリカ大陸：古代〜 AD 1600）」によると、「紀元前7200年：この頃、ギリシアのアルギッサ・マグーラ遺跡から家畜化したヒツジの化石が出土。紀元前7000年：この頃、マケドニア、クレタ島、アナトリアで、ウシの家畜化が開始。この頃、ギリシアの漁労が、陸釣りから海釣りへ技術的に変化。この頃、ギリシアのテッサリア地方でオオムギ、キビと、レンズマメを含むいくつかの豆類の栽培開始。およびアルギッサ・マグーラ遺跡から家畜化したイヌ、ブタの化石が出土」（田代他、2006、p.59）を始め、ギリシャにおける食文化の発生は人類史においても際立って早かった。

　ミノア文明を経て、さらに、「紀元前700年：ホメロス著『オデッセイア』で混酒器、ヒツジ、ヤギ、ブタ肉の料理、タマネギと蜂蜜の料理などの記述。紀元前500年：この頃、アテネの居留外国人が独創的なトリュフ料理を考案し、その引き換えに市民権を得たという記録。最も古いトリュフについての記述」（同上、p.60）などとある。そして「紀元前400年：この頃、ギリシアの詩人アルケストラトス著『料理法』刊行。そのなかに地中海産風マグロの塩漬けの製法を詳述」（同上、p.61）とあり、ガストロノミーの元祖とも言うべきアルケストラトスが登場する。

　ギリシャ文明が最も輝いたヘレニズム文化の始まる紀元前4世紀中頃はギリシャ都市国家の覇権者となったマケドニア王国のアレクサンドロス大王（BC 356〜 BC 323）が東方遠征を成し遂げた時代でもあった。その頃、シチリア島生まれの詩人にして料理人のアルケストラトスは、美食と料理術を求めてエーゲ海と地中海・黒海の一部を逍遥し、叙事詩『ガストロノミア』を残したと伝えられている。

　ルネサンス期のヨーロッパに最も影響を与えた古代ギリシャを塩野七生はこう描いている。

「『ヘレニズム時代』とは、アレクサンドロスの生前から既に始まっていたのが、彼の死でも途切れることなく進んだ、相対的に見れば平和であった時代、と言ってよい」(塩野、2017、p.448)

アレクサンドロス大王の東方遠征でのアケメネス朝ペルシャとの戦はギリシャ都市国家の総力戦であったとはいえ、ギリシャの領土外での出来事であり、ギリシャの国土そのものは平穏であったようである。

２ ガストロノミーの元祖 ——詩人アルケストラトス

詩人アルケストラトスについてはわずかしか知られていないが、その作品と人物は当時から評判で古代ローマ時代へと語り継がれた。2世紀にローマ人のアテナイオスによって書かれた『食卓の賢人たち』には、アルケストラトスの詩篇と人物に関連する62の断片が遺されている。たとえば、こうした一節である。

「アルケストラトス（前4世紀）は『美味めぐり』と題する詩の中で、大麦の食品とパンとのことをこう歌っている、
『まずはじめに、モスコスよ、髪うるわしきデメテルの賜物を
称えまつらん。汝しかと心に留めよ。すなわち、
よきもの数ある中に、これぞ最上とて、波洗う
レスポスの島なる、名も高きエレソスの、胸乳なす丘のあたりに、
さやに穂でたる大麦の実の恵み、雪よりもなお
白く輝く粉あり。（略）』」(アテナイオス、p.54)

ウィルキンズ＆ヒル（2011）の著書『アルケストラトス——贅沢な生活か

らの断片』によれば断片2［アテナイオス278D］にはこんな一節が見られる。

　　「快楽を愛するこのアルケストラトスはあらゆる大地と海を的確に旅
　　し、私にはそう見えるのだが、欲望にまかせて食べることを評論し、
　　作家たちの地理的記述と旅をまね、彼の欲望は最良の食べ物と最良
　　の飲み物を見いだすところならどこでもすべてを正確に述べる」

（Wilkins, J. & Hill, S., 2011, p.36）

「断片」から想像するに、アルケストラトスは、まれに見る美食家であり、最高の食材を追求する料理家であり、飲食の快楽を謳歌する詩人であった。現代風に言えば、旅を好んだ極め付きのフーディーズと言える米国の料理人であり作家でありTVフード番組制作者のアンソニー・ボーデイン[注1]ばりの人物であったと言えよう。

　アルケストラトスの生地のシチリア島は、当時、ギリシャの植民地ではあったが19世紀帝国時代の植民地とは違い、古代ローマの属州のような自由な支配下にあったようだ。シチリア島は地中海の要衝にあり、古代から交易が盛んで、多民族の行きかう地であったうえ、ギリシャ本土に比べ湿潤な風土は豊かな食材をもたらし、当時から美食の島としても知られていた。そして何と言ってもギリシャ最古の料理書の著者であるミタイコスの出身の地でもあった。

　しかしながら、古代世界の大図書館のあったアレクサンドリア（現在のエジプト）の蔵書が戦禍で失われ、アルケストラトスの詩篇そのものが失われてしまっている以上、詩編の題名がガストロノミアであったかどうかは謎に包まれている。一説には、共和制ローマ時代の作家エンニウス[注2]（BC 239-BC 169）が、アルケストラトスの叙事詩の骨子を訳したとされる『ヘディアゲティカ（贅沢な生活）』が詩篇の題名だとされ、これはアルケストラトスに関連する数少ない研究書のウィルキンズ＆ヒル著『アルケスト

4章 ●欧米はなぜガストロノミーを重視しているのか　　81

ラトス——贅沢な生活からの断片』やオルソン＆センス著の『ゲラのアル
ケストラトス』に共通する見解である。

3 近代に再登場するガストロノミー

　ガストロノミーは中世の宗教と王侯制度の時代には現れないが、近代に
入ったフランス革命後の1801年に、フランス人の詩人ジェゼフ・ベルシュウが詩篇『ガストロノミー』を出版したことによりよみがえった。

　ベルシュウはおそらくラテン語の知識を駆使して2000年前の古代ギリシャ世界を逍遥し、その詩篇のモティーフを得たのであろう。辻調理師専門学校・辻製菓専門学校の初代校長でありフランス料理研究家の辻静雄はベルシューについてこう述べている。

> 「ベルシューは古代ギリシャやローマについての造詣が深くて、この
> 詩集に先立ち『ギリシャ人とローマ人』という詩集もものしているそ
> うですから、古典を繙いているうちに、この言葉に接したのでしょ
> う」（辻、1989、p.228）

　ベルシューの『ガストロノミー』（ガストロノミーあるいは食卓につく田畑の人）を試訳したフランス文学者の平山弓月の翻訳によれば、この詩篇は「第一の歌古代人たちの料理の歴史」に始まっている。

> アテネは、かくも長きに亘って愛あふれる栄光によって、
> その幸福なる城壁内であらゆる手業を花開かせた。
> 忘れることなどなかった　心捉える才能を
> もっと美味しくするために料理を複雑にするという。

真の天才を備えた、高貴な人々は、

料理の科学を応用することができた：

そして、彼らは果敢な革新者であり、方策を見出した

同郷人たちの食欲を刺激するための。

詩人にして料理人の、アルケストラートは特に示そうか、

彼の人は自国では二重桂冠を戴いていたのだ。

（平山訳、2007、pp.364‐365）

ベルシューはこの詩篇で、次のように自註している。

「彼（アルケストラート）は、『ガストロノミー』と題する詩篇の作者である。この著者はペリクレスの息子の一人の友であった。彼はすべての地方、すべての海を経巡り、それらが産する最高のものを自ら識別した。旅をしながら彼は調べた。それは各地の人々の風習ではない。それらはかえることができないだけに、身につけても意味のないものであるからである。しかし彼は食卓の無上の喜びとなるものが作られるあらゆる工房に入り込んだ。さらに彼は自らの快楽に有益な人とのみ交渉を持った。彼の詩篇は知識の宝庫であり、教えとならない詩行なぞたったの一行も含んではいない。数々の料理人が、自らを不滅のものにしてくれた技術の原理を汲み取ったのはこの学習の場からである」（平山訳、2007、pp.368‐369）

　アルケストラトスの人物と思想は、前述した古代ローマ2世紀のアテナイオスが遺した『食卓の賢者たち』によって、こうしておぼろげながらも現代に伝わっている。イデアやエロスなどの哲学の礎を築いたソクラテス、プラトン、アリストテレスを輩出した古代ギリシャの同時代に、「食」の世界を読み解く概念がガストロノミーという言葉に込められていたことは想像に難くない。

4 パリのレストランの黄金時代

　2022年9月に日本でも封切られたフランス映画『デリシュ！』[注3]は、フランス革命前夜の旅籠レストランを舞台に、貴族対平民の当時の世相を見事に描いた傑作である。映画は、フランス革命によって貴族社会が崩壊し、パリ市民の食文化が一変した様子を描いている。王侯貴族の厨房に雇われていた料理人たちは職を失い、パリに高級レストランが続々と開業されて、それらはプチブルジョワジーでにぎわった。詩人ベルシュウによって近代によみがえったガストロノミーは19世紀のパリのレストラン街で花開き、「ガストロノミ」というフランス語は、たちまちヨーロッパに広がった。

　北山晴一は19世紀のパリの食文化を黄金時代と呼び、1800年～1830年を第一次、1855年～1870年を第二次、さらに1885年～1914年を「ベルエポック期」の第三次黄金時代としている。第一次黄金時代はフランス革命後の混乱を乗り切ってきた一流レストランがパリの金持ちとブルジョワジーの美食家を集めて競い合った時代である。

　当代唯一のガストロノーム（食通家）としてパリの美食界の注目を集めたグリモ・ド・ラ・レニエール[注4]は『食通年鑑』を発刊した。1815年のナポレオンの百日天下の終焉とルイ18世をはさんで王政復古末期までの間、パリのレストランは最初の全盛を極めた。『美食の社会史』のなかで北山晴一はその時代をこう描いている。

　　「1800年～1830年にかけて、パリのレストラン産業にとっては文字通り黄金時代と呼ぶにふさわしい時代が到来した。そして、こうした現象が当時すでにパリ市民の食生活を逆規定するまでになっていた。すなわち、レストランでの食事習慣が、パリ市民全体の食習慣を整序し、一つの均質な『都市型食生活』を創りあげていたのである。しかも、食の贅沢（十戒の一つ）を満足させることは、少しも恥ずべきこ

とではなく、むしろ生活全体の不可分の要素であることを、パリ市民の胃と心とに自覚させることに成功したのである。いいかえれば、この時期に、食という行為が、一つの文化体系、フランス人好みの語を使えば数ある『芸術』の一部門にまで聖化されたのである」

（北山、1991、p.11）

　動乱のフランス革命を生き抜き、パリのレストランの第一次黄金時代を謳歌し、ベルシュウによってよみがえったガストロノミーをもとに一冊の書物を書き上げ、21世紀に伝えた人物がブリア・サヴァランであった。

5　ブリア・サヴァランの『味覚の生理学』（邦題：『美味礼讃』）

　ブリア・サヴァランは1755年に、リヨン郊外のベレーに生まれ、ディジョンの大学を卒業後、故郷のブレの裁判所付きの弁護士として仕事を始めた。1790年、35歳で憲法制定会議の議員に選出され、その後、地元の民事裁判所の裁判長に就任し、さらに満票で町長に選出された。

　しかし、フランス革命が勃発して1792年フランス王室が革命に倒れた翌年、サヴァランは革命裁判であやうく処刑されかけるがケルンを経てスイスに逃れ、さらにニューヨークへ亡命した。1796年にロベスピエールの失墜後、サヴァランは亡命貴族のリストから抹消され、パリに戻り、破毀院判事（行政訴訟の最高裁の判事）に任命されている。

　1804年、皇帝ナポレオン一世の戴冠によりフランス第一共和制は終焉して第一帝政が成立した。ナポレオンの独裁によりフランス社会のブルジョワは安定し、フランス資本主義は発展の基礎を与えられた。かくして、「はじめて国民的統一を実現したフランスは、また大陸で最初に国民主義に目覚めた国家だった」（秀村、1982、p.231）のである。

ブリア・サヴァラン『味覚の生理学』
原書（1848年版、ガブリエル・ド・ゴネ編集、
パリ）
（出典：Title page of "La Physiologie du Gout"
（"The Physiology of Taste"）by French
gastronome Jean Anthelme Brillat-Savarin
（1755-1826）with a portrait of the author.
1848 edition.
https://fr.wikipedia.org/wiki/Physiologie_
du_go%C3%BBt#/media/Fichier:Jean_
Anthelme_Brillat-Savarin.jpg）

　ブリア・サヴァランは亡くなる前年の1825年、『味覚の生理学──超絶
的ガストロノミーの瞑想』を出版した。生理学（仏：フィジオロジー）の用
語は16世紀中期フランス人の医師であり生理学者のジャン・フェルネル
が最初に使ったとされている。パリの社交界で医者、科学者、知識人たち
と親交の深かったサヴァランが『味覚の生理学』のなかに当時の最先端の
科学知識を盛り込み、古代ギリシャにさかのぼるガストロノミーの概念を
体系化した学問たらんとしたことが強く感じられる。

　この書の副題には「超絶的ガストロノミーの瞑想」とあるのだが、「超絶
的」はいささか過度な表現であると思われ、「瞑想」という言葉はドイツロ
マン派の作家であり作曲家であるE. T. A. ホフマン[注5]的でもあり、文学
的趣味が過剰に感じられる。しかし、そうした文学的趣向がちりばめられ
たアフォリズム（警句）が独特の効果を発揮し、『味覚の生理学』はフラン
ス社会に受け入れられ多くの読者を獲得し、200年後の現代においては食
文化研究の「古典」としての位置にある。

　サヴァランはこの書の〈瞑想3 ガストロノミーについて〉の「ガストロ
ノミーの定義」のところでこう述べている。

　「ガストロノミーとは栄養のうえから言って人間に関係のあるあらゆ
　る事柄の整理された知識を言う（中略）。この目的を達成するには、食

物に変わりうるもろもろのものを探索し、または調理する全ての人たちを、一定の原理にしたがって指導しなければならない。であるから、このガストロノミーこそ、ほんとうに農夫、ブドウ作り、漁夫、猟師、それからその称号や名目は何といおうと食品の調理にあたっているたくさんの料理人を動かす原動力である」(関根・戸部訳『美味礼讃(上)』p.83 - 84)

「ガストロノミーは食品が人間の精神のうえに、その想像や英知や判断や勇気や知覚の上に、かれがさめていても眠っていても、働いていても休んでいても及ぼす影響を考える」(同、p.84)

サヴァランが『味覚の生理学』に示したガストロノミーの定義は、21世紀において食文化を考え、研究し、語り、実践するうえで欠かせない啓示となった。

6 ガストロノミーと現代

フランス料理は19世紀から20世紀にかけてアントナン・カレーム[注6]やエオーギュスト・エスコフィエ[注7]を始め、偉人と称される料理人・菓子職人と料理ジャーナリストを輩出して、世界に冠たるフランス料理を牽引していった。フランス料理の栄光は第一次・第二次世界大戦をはさんで1980年代のポール・ボキューズ[注8]に代表されるヌーベル・キュイジーヌ[注9]まで続いたと言える。

しかし、グローバリゼーションと国際観光の拡大、食品流通の巨大化、情報通信の発達によって世界の食文化は大きく変化した。「近代のガストロノミーは、古典的料理、ヌーヴェル・キュイジーヌ、地元料理、そして諸外国料理全体を、明らかに並列させているのである」(ヴィトー、2008、

p.152）という状況へ移り、フランス料理を意味したガストロノミーは国際化し、「ガストロノミーの歴史とは、まさに、日常の料理と料理芸術との交流、葛藤、不和そして和解の連続と言える。芸術とは個人による創造であるが、この創造は職人的な基礎がなくては不可能なのだ」（ルヴェル、p.26）と、フランス料理文化を超えて人類共通の言葉となった。

　日本語ではガストロノミーは「美食術」や「美味学」あるいは単に「美食」と訳されている。歴史的に中国の古典を通じ漢字を熟知してきた日本人による的確な訳であると言えるが、日本語の「美食」とは一般に「美味しいものばかりを食べること、又、贅沢な食べ物」（三省堂『大辞林』1989）と解釈されているため、美食という言葉にはお金をかけた贅沢な食べ物や食事という庶民の食生活とはかけ離れたイメージが付きまとう。

　フランスのルイ王朝の美食を引き継いだ19世紀〜20世紀のフランス料理においては、ガストロノミーの意味は確かにそういう一部階級のものであった。しかし、食文化のイニシアティブが民主化された中流階級に移り、先進国と発展途上国のへだたりもなくなりつつある今日においては、ガストロノミーの意味は変化しつつある。

　現代におけるガストロノミーの定義の一つには、『ニューエンサイクロペディア・ブリタニカ』（1988）の「美味しい食べ物を選択し、料理し、給仕し、楽しむ術」があり、簡明で分かりやすい定義である。しかし、ブリア・サヴァランが『味覚の生理学』で予言したガストロノミーはより深淵なある種の思想であり、哲学でもあった。たとえば、哲学者の河上睦子はこう述べている。

　　「ガストロノミーとはグルメ追求ではありません。また豪華な高級レストランの高級料理を追い求めることでもありません。彼（筆者注：サヴァラン）にとって、人間の真の意味とは、それに関する知性と術を持つことを意味していました。そして本当の美味を知るための『実践的な知』が必要であり、そのために学問が必要だと考えていました。

その意味でガストロノミーとは、むしろほんものの美食とは何かを
追求していく思想なのです」（河上、2015、p.107）

　河上は、古代から現代に至るまでの「食の思想」を追求した日本人では
稀有な学者であるが、ギリシャ哲学にさかのぼってガストロノミーの思想
を解釈しようとした。河上は

　　「哲学発祥の地である古代ギリシアには、二つの独自な食思想が見ら
　　れる。『節制』思想と『宴会』思想である」「『美食』は食の「美味し
　　さ・美味」を求める欲求に由来するものであり、『美味しさ』への欲
　　求は『美の欲求』と同じく人間の感性的欲求と言えるものである」
　　　　　　　　　　　　　　　　　　　　　　　　　　　（同、p.110）

と述べている
　歴史家のユヴァル・ノア・ハラリは2015年に出版した『ホモ・デウス』
において人類の悲劇の主因となってきた飢餓、感染症と戦争の脅威はいず
れ取り除かれるだろう、そして、次の人類の目標となるのは不死、幸福と
神性である可能性が高いと述べた。その「幸福」の要因の一つに「美味し
さ」が含まれるとするなら、私たちは幸福をもたらす美味しさを日々の食
事から、これからも摂り続けることができるかどうかについて懐疑的にな
らざるを得ない。食を取り巻く環境が、より良い方向に向かっているとは
思えないからだ。工業化された食糧の大量生産と分子生物学、遺伝子工学、
畜養などのテクノロジーに依存した食品による食生活は、本当の「美味し
さ」や「食の安心」を与えてくれるのであろうか。水産資源の枯渇への不
安も大きい。
　日々の、あるいは旅先での食べ物や飲み物の「美味しさ」と深く関わる
ガストロノミーについて考えることは、私たちの幸福と健康について思い
をはせることにつながる。味覚が食育に関わる重要性もそこにあると思わ

れる。サヴァランはガストロノミーが食に関わる人たちを動かす「原動力」であるとしたが、そうした原動力を超える巨大なシステムが、食を見えにくくしている現代において、ガストロノミーの真意を定義することは困難になっている。

　つまり、ガストロノミーは時代によっても変化する。前述したように、古代ギリシャにさかのぼるだろうと思われるガストロノミーは、直訳すると「胃腸の法則」となるが、胃腸の法則はヒトの消化器官の生理的機能であるとともに、私たちの大腸に共棲する微生物叢やその脳神経との相互作用にまでおよび、「食べ物」の美味や快楽のみならず、今や社会的課題を象徴しているとも考えられる。

 # 7　観光の成長とガストロノミー

　ガストロノミーは、原点に立ち戻るならば、料理人のための用語である。料理人の技術と精神性のなかに連綿と現代へ受け継がれてきたと言える。たとえば、大阪のフレンチ・レストラン「HAJIME」のオーナーシェフ米田肇はこう述べている。

　　「私がガストロノミーについて考える時、思い浮かべる二つの言葉があります。それは『新しさ』と『オーセンティシティ』です。新しさは、『革新』と言い換えられるかもしれません。ガストロノミーの料理に求められるのは、『今、この食材に対して最高であろうという技術を駆使して料理を作る』ことだと思います。だから、そこで用いる技術は常に新しいものでなければなりません。毎日毎日が、新しい。それがガストロノミーの根本だと感じます」（米田、2012）

この2世紀にわたって料理人によって進化してきたガストロノミーは、食べる側の人にとっては、この数十年足らずのグローバリゼーション、とりわけ国際観光と貿易の成長によって画期的に変化した。たとえば、1970年の大阪万博の各国のパビリオンには世界各国の料理が並び、1980年代には国内でフレンチやイタリアンがファッションとなり、急増する海外旅行者の異国での体験が私たちの食文化の拡大に拍車をかけ、学術分野でも食文化と観光の関係は広く研究され、ガストロノミーは観光との関係を深めた。

　料理評論家であり大学での教鞭も執ってきた佐原秋生は「学としてのガストロノミ」(2010)と題された論文で、ガストロノミーの構成条件として13分野をあげている。表4・1はそれを抄録したものである。

　このように、ガストロノミーは食文化の歴史と調理をカバーする体系とみなすことができる。したがって、ガストロノミーの構成要素は生産から消費まで広く食文化の領域に分布する。同時に、ガストロノミーは本来、国や地域の特定の場所に根差したものである。観光（ツーリズム）もまた、国や地域の特定の場所を目的地（デスティネーション）とするものである。

表4・1　「学としてのガストロノミ」の13分野

1	ガストロノミとは何か——「学」の定義
2	飲食の歴史
3	主要な国と地域の飲食の現状
4	日本特論
5	ガストロノミ史——料理論、飲物論、供用論、運用論
6	食材
7	調理
8	ワイン
9	その他の飲物
10	レストラン
11	サービス
12	メニュー
13	飲食技法

（佐原、2010）

ガストロノミーの構成要素は生産地の風土から食文化まで広範囲にわた
るが、それらの要素に観光的要素を対応させることができ、それらの資源
であるガストロノミーの観光活用をガストロノミーツーリズムの成立とす
ることができる（表4·2）。

　ガストロノミーは食に関わる人々のさまざまな営みから生ずるものであ
り、それらは同時にガストロノミーツーリズムの地域資源あるいは観光資
源である。それを観光資源として活用することにより地域を訪れる旅行者
の観光行動を引き起こす観光アトラクションが形成される。このように、
ガストロノミーツーリズムの要素となるものは観光客が訪れるその町の生
産の場所や、集積地である市場から食品加工、レストラン、食品店、ファ
ーマーズマーケット、伝統料理、食文化遺産まで幅広い場所と人たちによ
って生み出される「場所の味覚」を体験するときに成り立つ旅行形態とい
うことができる。

　1986年にスイスのレマン湖沿いの町、モントルーで「国際観光科学専門

表4·2　ガストロノミーの構成要素と観光資源

構成要素	→	観光資源
生産		生産者
農業・漁業		食の景観
農水産物		食材
流通		市場・直売店
加工		特産物
料理人		シェフ
料理法		メニュー
フードサービス		レストラン
祭り・儀式		フェスティバル
フードウェイ*1		調理と食べ方
ワイナリー・醸造		テイスティング・購入
食文化		ヘリテージ

(尾家、2011)

＊1　フードウェイ：食習慣の意味。たとえば、日本人が味噌汁を
　　　食べるのは日本人のフードウェイだからと言える。

図4·1　ガストロノミーの概念 （尾家、2019）

家協会[注10]（AIEST）」第36回国際大会が開催された。AIESTはその起源を1941年にさかのぼる伝統のある観光学学会であり、その時の大会テーマは「観光におけるケータリングと料理」と題されていた。基調講演で観光学者のカスパーは「ガストロノミーは、それが生き生きした人間の欲望と調和しているため観光需要に重要な役割を演じている」と、ガストロノミーが観光需要の喚起に結びつくことを強調した。

　その後の国際観光の発展とともに、ガストロノミーは「食」における上位概念として、都市や地域にかかわらず、図4·1のように示すことができる。

8 ガストロノミーツーリズムとテロワール

　ワイン用語であるテロワールは、ブドウ畑に対するワインの品質を表現する言葉としてだけではなく、近年、より広義に解釈され、場所や風土と味覚の関係性そのものに使用される場合が増えた。フランス語のテロワー

ル（terroir）にはもともと「耕地、農産地」という意味があり、テロワールの味覚（gout de terroir）には「産地特有の味」という意味がある（白水社『新仏和中辞典』1970）。農学者のオリヴィエ・ド・セーレ（Olivier de Serres、1539～1619）は彼の17世紀の論文『農業の劇場と大地の家族』のなかで「農業の基本的な仕事は、それがあなたの先祖の土地か、最近取得した土地かに関わらずテロワールの性質を理解することである」（Trubek, 2008, p.18）と述べている。

　米国人であるエイミー・トルベック（Amy Trubek）は、フランス人にしか理解できないというテロワールを渡仏してフランスの大地と人々との体験のなかで学ぶのであるが、場所の味覚とテロワールを考察した著書"The Taste of Place（場所の味覚）"（2008）のなかでこう結論している。

> 「フランス人は食物と飲み物の味覚における自然な世界の役割を位置づける注意にかけては尋常ではない。フランス人がチーズのひとかじり、あるいはワインをひとすすりするとき、彼らは大地を、つまり、岩、草、丘、谷、平野を味覚する」
> 「場所の味覚は究極にはフランスを超越する。テロワールとテロワールの味覚は味を識別する世界的なカテゴリーとなった」

> (Trubek, 2008, p.11)

　テロワールの概念が文化の継承として食品の商標に応用されたのが、フランスのAOC（原産地呼称制度：Appellation d'Origine Controlee）システムである。この場合の「場所の味覚」の「場所」とは産地を指す言葉であるが、産地が格付けされ商品化されることによりAOCラベルのワインやチーズは何千キロも離れた場所への移動によってもなおその品質は保証されたものとなる。AOC（アオセ）はフランス産のワイン、チーズ、バター、ブランデーなどの食品での登録によって制定されている。

　ガストロノミーツーリズムは「場所の味覚」を産地に求める人の移動を

伴って成立する。場所には生産地としての場所と、旅行目的地としての場所の異なる二つの意味の場所が含まれ、これらは地理的に同じ場所には違いがないが、生産地としての場所には食材の生産と加工という生産空間が、また、旅行目的地としての場所には外食サービスとライフスタイルという生活文化空間が存在する。したがって、「場所」は多様な組み合わせによって食文化体験を提供する。

　UNWTO はガストロノミーツーリズムを「旅行中の食品および関連製品や活動に関連する訪問者の体験を特徴とする一種の観光活動」(UNWTO、2019) と定義し、さらに「ガストロノミーツーリズムには、真正的、伝統的、および／または革新的な料理体験に加えて、地元の生産者の訪問、フードフェスティバルへの参加、料理教室への参加など、他の関連活動も含む場合がある。ワインツーリズムは、ガストロノミーツーリズムのサブタイプとして、ブドウ園、ワイナリーの訪問、ワインのテイスティング、消費および／または購入を目的とする観光を指す」(UNWTO、2019) と付け加えている。UNWTO の定義は、「訪問者の体験」の内容を事細かくは特定していない。「旅行中の食品および関連製品や活動に関連する観光活動」とするだけで、極めてシンプルである。これは、おそらく「ガストロノミー」の言葉に含蓄される壮大な概念によるものである。

　これまで見てきたように、ガストロノミーの言葉自体は理念でありながら、時代に合わせて変化する。ガストロノミー体験はツーリズムと結合し、場所と調和することにより、深い満足感を生む。観光の現場においてこそ体験され、記憶され、共創体験を生む。

注
1　アンソニー・ボーデイン (1956 〜 2018)：ニューヨークに生まれ。大学中退後、米国有数の料理学校 CIA (カリナリー・インスティテュート・オブ・アメリカ) を卒業してシェフとして働く。44 歳で料理業界の舞台裏を描いた『キッチン・コンフィデンシャル』(2000 年) がベストセラーとなり一躍有名人となる。以降、食と旅をテーマにした TV 番組制作と出演に活躍し、精力的に世界中を飛

び回って人気を博した。2018 年、パリで滞在中に亡くなる。

2 クイントゥス・エンニウス：共和政ローマ時代の作家で、「ローマ詩の父」と
言われている。ギリシャ語、オスク語、ラテン語が混在するサレント半島のル
ディアエという町で生まれた。『ヘディアファティカ（贅沢な生活）』はアルケ
ストラトスのガストロノミー（美食術）の叙事詩からその骨子を取っている
（Wikipedia 参照）。

3 『デリシュ！』：エリック・ベナール監督、グレゴリー・ガドゥボワ、イザベ
ル・カレ主演のフランス／ベルギー合作映画。2020 年製作で日本では 2022 年
に封切りされた。

4 グリモ・ド・ラ・レニエール（1758 〜 1837）はフランスの有名な美食家（グル
マン）、フードプロデューサー、フードジャーナリストであり、著述家であっ
た。『食通年鑑』は彼が 1805 年〜 1810 年に刊行した美食案内書。

5 E. T. A. ホフマン（1776 〜 1822）：ドイツの後期ロマン派の作家で『黄金の壺』
や『牡猫ムルの人生観』などの幻想文学で知られている。音楽家としても活躍
し多数の作品を残している。

6 アントナン・カレーム（1784 〜 1933）：フランスのシェフでありパティシエ。
フランス料理の発展に大きく貢献し、「国王のシェフかつシェフの帝王」と呼
ばれていた。

7 オーギュスト・エスコフィエ（1846 〜 1935）：フランスのシェフで、「現代フ
ランス料理の父」と呼ばれ、エスコフィエ著『フランス料理の手引き』は今も
料理人必携の書となっている。

8 ポール・ボキューズ（1926 〜 2018）：フランスのシェフ。彼がオーナーシェフ
を務めたリヨン近郊のレストラン「ポール・ボキューズ」は 1965 年以来ミシュ
ランガイドの三つ星を維持してきたが、ボキューズが亡くなると 2020 年星を
落とした。

9 ヌーベル・キュイジーヌ：エスコフィエが確立したこってりとした味付けの伝
統的フランス料理に代わり 1970 年代に登場した新しいフランス料理を指す。
盛り付けなどで日本料理の影響もあると言われている。

10 国際観光科学専門家協会（AIEST: The International Association of Scientific
Experts in Tourism）：ヨーロッパ発祥の国際的観光学会。

参考文献

アテナイオス著、柳沼重剛編訳（1992）『食卓の賢人たち』岩波書店

ヴィトー、ジャン著、佐原秋生訳（2008）『ガストロノミ——美食のための知識と知恵』文庫クセジュ／白水社、p.152

尾家建生（2011）「フード・ツーリズムにおけるガストロノミーの予備的考察」『日本観光研究学会全国学術論文集』pp.377 - 380

尾家建生（2019）「地域戦略としてのガストロノミーツーリズム」日本フードツーリズム学会、2019年3月発表

河上睦子（2015）『いま、なぜ食の思想か』社会評論社

北山晴一（1991）『美食の社会史』朝日新聞社

佐原秋生（2010）「学としてのガストロノミ」『日本調理科学会誌』43（5）、p.326

塩野七生（2017）『ギリシア人の物語III、新しき力』新潮社、p.448

田代・大下・五島・時枝・橋爪・林・和仁（2006）「資料：比較食文化史年表（ヨーロッパおよびアメリカ大陸：古代〜AD1600）」『会誌食文化研究』No.12、pp.52 - 66

辻静雄（1989）『ブリアーサヴァラン「美味礼讃」を読む』、岩波書店、p.228

秀村欣二編（1982）『西洋史概説第三版』東京大学出版会、p.231

平山弓月（2007）「フランス『美食文化』——ベルシュウ『ガストロノミー』読解の試み(1)」『京都外国語大学研究論叢』70、pp.357 - 377

ブリア・サヴァラン著、関根秀雄・戸部松美訳（1967）『美味礼讃（上）・（下）』岩波文庫

八木尚子（2010）『フランス料理と批評の歴史——レストランの誕生から現在まで』中央公論新社

米田肇（2012）「日本にもっとガストロノミーを！」『月刊専門料理』2012年11月号、柴田書店

山内秀文（2005）『プロのためのフランス料理の歴史——時代を変えたスーパーシェフと食通の系譜』学研プラス

ユヴァル・ノア・ハラリ著、柴田裕之訳（2018）『ホモ・デウス（上）・（下）』河出書房新社

ルヴェル、ジャン＝フランソワ著、福永淑子・鈴木晶訳（1985）『美食の文化史』筑摩書房

Kasper, C.（1986）*The impact of catering and cuisine upon tourism, an introduction to the general topic of the 36th ALIEST congress*

Olson, S. D. & Sens, A.（2000） *Archestratos of Gela*, OXFORD

The New Encyclopadia Britannica Volume 5 (1988) Encyclopedia Britanica, Inc., MICROPADIA

Trubek, Amy B.（2008） The Taste of Place: A Cultural Journey into Terroir, *California Studies in Food and Culture*

Wilkins, J. & Hill, S. （2011） *ARCHESTRATUS Fragments from The Life of luxury*, PROSPECT BOOKS

UNWTO （2019） *UNWTO Tourism Definitions*
https://doi.org/10.18111/9789284420858

5章

地域における
ガストロノミーの
マネジメント

わが国において、「食」によるまちづくりは1990年代に始まった。1985年に東京のグルメ情報誌に掲載された「B級グルメの逆襲」（田沢竜次、1985）の影響は90年代に「讃岐うどん」「ご当地ラーメン」「そば街道」「農家レストラン」などのフードツーリズムを生み出した。続く00年代には「B-1グランプリ」「まちなかバル」が社会現象となって全国に展開された。時代のキーワードは、市民に愛される「B級グルメ」、町のブランド化をめざす「ご当地グルメ」、そして中心市街地活性化へつながる「まちなかバル」であった。

　それらは平成時代（1989～2019）の「食」によるまちづくりの代表的な社会現象ではあったが、総人口減少を迎えた厳しい地域間競争の時代にあって「食」によるまちづくりの目的は「ブランドづくり」が優先され、本来のその土地の味覚（テロワール[注1]）やユニークな伝統料理や食べ方、そこに住む人たちの祝祭（フェスティバル）などを必ずしも包括するものではなかった。

　食べたり飲んだりすることは「場所の味覚（テロワール）」を体験することであり、テロワールとはその土地に特有な風土、環境と生産と歴史・伝統に根差したものである。そうした「観光客の体験・活動が、食や食材に関連づいていることを特徴とする」観光を、UNWTO（2019）はガストロノミーツーリズムと定義し、その対象は本格的、伝統的または革新的な料理体験とあわせて、産地訪問、地域のフードフェスティバルや料理教室への参加、他の関連活動を含めている。

1　消費者が期待する
ガストロノミー体験

2012年に刊行されたUNWTO（世界観光機関）の『フードツーリズムのグローバルレポート』Global Report on Food Tourism（2012）とOECD（経済

協力開発機構）ツーリズム委員会の『食と観光体験』Food and the Tourism Experience（2012）によって、フードツーリズムの世界各国の事例が紹介された。ガストロノミーは地域の文化と伝統、食習慣、ライフスタイル、真正性、アイデンティティ、持続可能性、体験を尊ぶ観光の新しいトレンドとなった。

　そうしたトレンドは、現代におけるガストロノミーの意味を見出しただけでなく、すでに前世紀に、たとえば英国人ジャーナリストのピーター・メイル著、池央耿訳『南仏プロヴァンスの12か月』（1993）は南仏の地中海の陽光のもとに繰り広げられる南フランスの人たちの食生活とコミュニティを描いて世界的ベストセラーとなっている。北イタリアのピエモント州ブラの町でアメリカのファーストフードに代表される工業化された農業と食品の大量生産に反対する「スローフード運動」が起きてまたたくまに国際的な規模での市民運動へと発展していった。スローフード運動の発端は、食糧生産の工業化、ファーストフード化、グローバル化に対するアンチテーゼでもあったが、一方で、グローバル経済は食文化にも大きな地殻変動を起こしていた。

　世界に冠たるフランス料理の黄金時代に終止符が打たれ、イタリア料理、スペイン料理、日本料理などが台頭し始めた。近代のガストロノミーは、グローバル化のなかでフランスだけでなくスペイン、イタリア、中国、日本、タイ、メキシコ料理とさらにデンマークやチリが加わり横並びとなったのであり、こうした変容は、ガストロノミーが料理や美食の範疇を超え、食べ物と食事に向き合う姿勢、考え方、体験、消費、幸福感、健康、社会経済などを包括した上位概念にあることを示している。

　さらに、フーディーズと呼ばれる食べることに人一倍こだわるブロガーたちにより、外食でのメニュー、味覚、サービスと雰囲気がSNS情報でもひっきりなしに発信され、瞬く間に拡散した。1995年に民間での利用が始まったインターネットは新しい情報社会を世界にもたらしたが、それから10年足らずして登場したフェースブック（現在のメタ）はまったく新

しいSNS（交流サイト）を電脳空間にもたらし、仮想コミュニティを進化させた。その一つが、フーディーズと呼ばれる人たちである。

　フーディーとは1985年にニューヨークの雑誌に初めて現れたとされ、一般に「食へ関心が極めて高い人」と定義されている。フーディーと呼ばれる人たちは年齢・性別・収入や住居を越えて集団（コミュニティ）を形成しやすく、「フーディーの個人的社会的なアイデンティティは食べ物の質、料理、共食と食体験を包含する」（Getzs et. al., 2014）ことから、フーディーズと集合名詞で使われることが多い。

　フーディーとグルメ（美食家）の違いは、フーディーはオフ会と呼ばれるフーディーズ間での情報交換にも熱心で、常に最新の情報を持ち合わせていることにある。料理のジャンルはラーメンから懐石料理まで、屋台からミシュランの星付きレストランまで、レパートリーはすべてのジャンルをカバーしている。つまり、フーディーズとはいわゆる「舌の肥えている人」であり、常人に比べると味覚能力に優れている人たちと見ることができる。

　ネット社会での消費者とフーディーズたちとの味覚体験の共有は、本来、個人的で極めて限定されていた味覚体験情報を一挙に拡大し、各地でのガストロノミー体験を比較することを容易にした。

② 多様なステークホルダーの ネットワーキング

　ガストロノミー体験は、旅行者が観光地に出掛けて、単に美味しい食事をするだけで終わらない。その土地を訪れた体験や得られた知識、地元の人々との交流が旅の満足度を高めリピートを促す。加えて料理やその食材を育む景観は、インスタグラムなどSNSとの相性が良く、国内外に瞬くまに拡散する口コミ効果をもたらす。このような状況を作り出すためには、地域で多様なステークホルダーが参画し、つながる総合力が求められる。

つまり、これから食で観光客に選ばれる地域になるには、一次、二次、三次産業すべてのステークホルダーが関わって、その場所ならではのガストロノミー体験を提供できる体制を作り、地域をマネジメントする力がカギを握る。

【1】多様なステークホルダー

　それでは、ガストロノミー体験を提供するステークホルダーとは、どのような人々を指すのであろうか。

　今では世界のあらゆる食材を家庭で簡単に手に入れることができるほど食糧調達のグローバル化が進行しているが、その一方でローカルに注目し、新規就農や六次産業化、地方での飲食店の開業など、地域に根差した食の活動に携わる人が増えている。

　ここでは具体的な事例も交えながら、多様なステークホルダーについて理解を深めていこう。

①生産者

　農業では、米づくりにおいても、野菜づくりにおいても、あるいは果樹栽培でも、有機農法や無農薬など肥料に頼らない栽培方法にこだわりを持って取り組んでいる農家が近年多く見られるようになった。

　京丹後市弥栄町の梅本修は、20年にわたって有機農業を続け、2020年には法人化して「ビオ・ラビッツ株式会社」を設立。これまで耕してきた畑と新たにオープンしたオーガニックカフェを「てんとうむしばたけ」と名づけた。畑の多様性を表す「てんとうむし」に思いを込め、その経営理念として、「オーガニック野菜を通じて自然と人をつなげて、すべての人々の幸せと健康を届ける」と同社の Web サイトに記されている。

　コロナ禍のなかでオープンさせることになったが、オーガニックにこだわった店づくりは、営業日が限定されるなかで地域外から集客にも成功し

「Organic Cafe てんとうむしばたけ」の外観

「てんとうむしばたけ」の採れたて有機野菜がサラダとしてランチに並ぶ

ているという。

　また、京丹後市に移住して就農をめざす人が、梅本の農場で学び、オーガニック農家の仲間として成功している人も現れている。こうして地域で中核となる生産者がインターンシップなどの人材育成に取り組むことによって、同じ志を共有する仲間のすそ野を広げている。このことが、さらに地域の食の魅力を高めている好例となっている。

　奈良固有の在来種を丹念に調べ、地元農家に協力を求め、そして自らも大和伝統野菜を育てている人がいる。『ミシュランガイド奈良県版2022』でグリーンミシュランの星を獲得した三浦夫妻である。彼らは20年以上にわたり在来種の調査や研究、保存をNPO法人で、在来種の栽培を営農協議会で取り組み、そして大和伝統野菜の栽培とそれを使った料理を提供するレストラン粟を経営している。

　このように積極的に地域と関わり、有機や無農薬栽培、在来種の保存・活用など、その気候風土に適した農業をすることに意義を見出している生

大和伝統野菜と大和牛のフルコース（清澄の里 粟 提供）

産者が地域にいる。農業は天候や自然災害に最も影響を受けやすいことから、作物の恵みをもたらしてくれる自然環境の重要性をよく知り、大地とともに作物を育てることを大切にしている人たちである。

　ここでは農家を事例として挙げたが、酪農家や漁師、あるいは野生鳥獣を獲る猟師もいる。その土地に根差し、絶えずイノベーティブなことにチャレンジし、消費者の声にも耳を傾ける生産者がステークホルダーとなりうる。

②食品製造・加工業者

　農産物の付加価値を高め、あるいは規格外野菜等これまでフードロスになっていたものを価値あるものに変える「六次産業化」が注目されて久しい。しかし、これまで生産にしか携わってこなかった農家が、加工・流通にまで事業を広げていくことにはさまざまなハードルがあり、現実には非常に難しい。そのため、食品加工を担う事業者や、その事業者につないでプロデュースをする六次産業化プランナーがいる。こうした人たちもまた、地域のステークホルダーである。

　ところで、地域には和菓子や洋菓子、パンなどの製造小売店、そこで働くパティシエや職人がいる。菓子やパンは老若男女、誰もが好きな食べ物であり、近年ではインスタ映えによって、これまで以上に若者の興味を惹きつけることのできる食資源になっている。野菜やフルーツなどの地元食材を活かした美味しい菓子やパンを作れる人たちのなかには若者も多く、SNSを利用した情報発信はこれからますます期待される。

　日本各地に昔から根づく発酵産業にも着目したい。酒、味噌、醤油、納豆、漬物など、気候風土やその土地で採れる（獲れる）農作物、魚介類によってさまざまなものが作り継がれている。酒に関しては、日本酒や焼酎メーカーの老舗だけでなく、近年では新たに地ビール（クラフトビール）や地ワインを製造・販売する人も増えてきた。その地の酵母から作られる日本酒や焼酎、ビール、ワイン等のアルコール飲料は、その土地の料理に合う

ものに仕上がる。あるいは、その土地の酒に合った料理が地元で作られ、食べられている。こうした理由からも、発酵メーカーは旅行者のガストロノミー体験を提供するステークホルダーとして欠かせない存在であると言えるだろう。

③料理人・レストラン

飲食店や旅館・ホテルの料理人は、「美味しい」食を提供する人たちであり、ガストロノミーの中心となるステークホルダーである。その土地で作られる旬の食材を活かして美食料理を作り、旅行者に提供するキーパーソンである。

また、料理人個人ではなく、他の料理人と連携したグループによってイベントなどを開いている地域もあり、このグループが地域の食のブランディングにも貢献する。たとえば、伊勢市では市内のフレンチやイタリアンレストランのシェフ15名が2008年に結成した「うましくに伊勢シェフクラブ」があり、メンバー同士の情報交換や地産地消を高めるイベント活動などに取り組んでいる。このような活動が、さらに地域で料理に取り組む新たな仲間を呼ぶことにもつながる。

④販売者

食に関する販売者には、八百屋、魚屋、肉屋など生鮮品の個人事業の小売店や食品スーパーマーケット、農産物直売所や道の駅、百貨店などがある。イオンやイトーヨーカ堂など大手小売業はプライベートブランド（PB）で全国どこでも同じ商品が買えるという戦略を展開する一方、生鮮食品売場では地元産の野菜の直売所コーナーを設けるといった工夫もしている。百貨店では、目利きのバイヤーが各地の産品を取りそろえ、各地の物産展が定期的に催し物として開催されている。

個人・法人、規模の大小を問わず、食品小売業者は旅行者が訪れた土地の食材を認知させ、さらには購入できる場を提供しており、ツーリズムに

積極的に関わってもらう必要がある。特に観光の分野においては、食料品の土産の取り扱いが十分であるかどうかが問われることから、消費者のニーズを把握する販売者から、生産や加工業者へのフィードバックを図り、商品の品ぞろえを充実させることが期待される。

都市部では、全国各地の商品を集めて販売するセレクトショップが多く見られるようになった。観光においては、訪れた土地の土産物が一カ所で買える場所はそれほど多くない。観光案内所が物産販売を併設している場合が多く、そのほかに品ぞろえが充実している店は駅や空港内のショップである。そのようななか、国が地方創生の一環で進めた地域商社は、域内の商品を取り扱う会社として各地で設立されてきた。域外への売り込みを重要なミッションとしながらも、域内で旅行者が購入できる機会を提供している地域商社もある。地域商社は、純民間による会社もあれば、第三セクターのような組織、あるいは地方銀行が設立^{注2}する地域商社もあり、販売だけでなく、商品の発掘や商品開発を手掛けているところも多いことから、今後の一層の活躍が期待される。

⑤市民団体

B-1グランプリに出場するご当地グルメの活動主体は飲食店ではなく、まちおこしの市民団体であることが条件となっている。これに象徴されるように、市民に支持されている食こそが、その土地の文化となりうる。旅行者が食を求めて旅する動機は、もちろん新鮮で旬な食材を美味しく食べられる土地を訪れるということもあるが、自分が普段の暮らしで食べているものとは別の食文化に触れたいという一面もある。

また、郷土料理などは飲食店のシェフではなく、親子代々にわたって受け継がれてきた家庭料理が食文化として残されてきたものも多く、自治会の婦人会や料理クラブなどの市民団体が旅行者へ料理体験の提供を担うこともある。プロの料理人だけでなく、市民や市民団体をステークホルダーとして位置づけることが必要である。

生産者　　　食品製造・加工業者　　料理人・レストラン　　　　　販売者

市民団体

公的機関

図5・1　ガストロノミー体験のステークホルダー

⑥公的機関・団体

　「観光」と「食」に関わる公的な機関や業界団体などの組織は、地域を代表し、あるいはまとめる役を担っていくポジションにある。観光関連で言えば、DMOや観光協会、旅館組合、食関連で言えばJA（農業協同組合）、漁業協同組合、飲食店組合、商店街振興組合などが該当する。もちろん、行政や商工会議所・商工会の役割は言うまでもない。

　これまでに取り上げた①～⑥のステークホルダーがすべてではない。たとえば、食事をするときに必要な食器類として茶碗や皿、箸などを製造する職人や会社、敷物や袋の布製品であれば織物・染物の職人など地場産業との連携の視点も重要だ。

　このように、フードという狭い範囲での食や観光の関係者だけでなく、ガストロノミー体験では、地域で活躍する多様な人たちや組織をステーク

ホルダーとして認識する必要がある。

【2】つなぐ担い手

　地域に存在するステークホルダーが点在するだけでは、地域の食の魅力は十分に打ち出せない。

　繰り返しになるが、ガストロノミーツーリズムの取り組みでは、旅行者の「食べる」、あるいは「飲む」という行為だけに目を向けるのではなく、総合的に「食」を考える必要がある。

　その土地ならではの食材を活かした料理を楽しむために、農業や漁業など一次産業の現場があり、豊かな食材をもたらす自然の恵みや、それを生み出す気候風土を体感することも重要である。また、旅行者自らが調理をする体験、あるいは食品を加工するような体験をすることによって、美味しさと想い出が倍増する。さらに、その土地で暮らす住民や事業者の人と会話を楽しむことで、土地の生活に触れ、食文化を理解することにもつながる。このように、ガストロノミー体験には、その土地にいる「あらゆる主体」が重要なステークホルダーとなっているということを理解する必要がある。

　そして、地域でガストロノミーツーリズムを受け入れるシステムとして機能させるためには、ステークホルダーを「つなぐ人」が必要だ。「つなぐ人」は、二者や三者をつなぐケースと、地域全体をつなぐケースの二つが考えられる。

　二者をつなぐ、たとえば「生産者」と「料理人」をつなぐ事例として、ここでは、奈良県で行われてきた「シェフェスタ」を取り上げよう。このシェフェスタは奈良の食材を活かして一流の料理人が料理をふるまう野外イベントであり、奈良公園や馬見丘陵公園などの大規模公園を会場に多くの集客を実現した。このイベントは集客の成功だけでなく、同時にマルシェを開催し、地元農産物を販売する農家と、出店する料理人をつなぐことに

「シェフェスタ」における CHEF'S KITCHEN のステージ

も効果をもたらした。事務局は、奈良のタウン情報誌『ぱーぷる』（現在は情報 Web サイト）を発行する㈱エヌ・アイ・プランニングの福吉貴英（当時）が担った。福吉はローカルメディアとして、タウン情報誌の制作で多くの県内飲食店の情報があることを強みに、店と店をつないでいく。また『奈良食べる通信』という食材付き情報誌を展開することで（2023 年現在休刊中）、県内の農家とのつながりも強めていった。それにより、「ローカルメディア」が生産者と料理人の双方をつなぐポジションを獲得することになる。

　その他、「生産者」と「食品製造・加工業者」をつなぐ役割は、「六次産業化プランナー」や「地域商社」も担える。このように、ステークホルダー同士をつなぐ役割の人や組織は、組み合わせによってさまざまである。また、場合によっては、同じ立場のステークホルダーが仲間を紹介するということもあるだろう。

　もう一つの地域全体をつなぐ役割には、DMO（観光地域づくり法人）に期待するところが大きい。着地型観光で重要な役割を担う DMO は、Destination Management/Marketing Organization の略称で、文字どおりその地域（観光目的地）をマネジメントし、積極的に各種データ等を活用してマーケテ

ィングを進める組織である。日本では観光庁が2015年に日本版DMO候補法人登録制度を創設したことから、観光の分野で広く使われるようになってきた。2020年には日本版DMOという呼び名から、「観光地域づくり法人」という名称を使用するようになっている。

さて、観光庁による定義を分解してみると、観光地域づくり法人は「地域の"稼ぐ力"を引き出すとともに、地域への誇りと愛着を醸成する"観光地経営"の視点に立った観光地域づくりの舵取り役」であるとしている。そして、「多様な関係者と協同しながら、明確なコンセプトに基づいた観光地域づくりを実現するための戦略を策定する」ことが求められ、さらに「戦略を着実に実施するための調整機能を備えた法人」である。

2023年現在、全国で100を超えて登録されているDMOについては、従来の観光協会の組織とあまり変わりがないという批判も一部にはあるが、重要なのは、地域としてDMOを活かすかどうかである。地域のガストロノミー体験を提供する体制を整えるには、多くのステークホルダーをコーディネートし、同じ方向にベクトルを合わせる組織が必要であり、DMOがある地域では、DMOが主体になって取り組めるように位置づけることが近道である。

【3】「マネジメント」の視点

1990年代半ばぐらいまでの日本のフードツーリズムは、旅館やホテルなど宿の食事やレストランでの豪華な料理を中心に発信され、飲食を目的にして旅行者が観光地を訪れるパターンが中心であった。

「地産地消」という言葉は、農林水産省が1981年度から4か年計画で進めた「地域内食生活向上対策事業」から生じたとされる（山下、2009）。当初は住民が地元の食材を食べることを促進するという面があったが、しだいに地元の食材を利用して調理・加工したものを旅行者がその土地で食することにもつながっていった。

それを実現するためには、地元の料理人が地場の食材を利用できる生産者とのネットワークが必要であり、また食品加工業や製菓なども同様に地元食材を手に入れる機会が必要である。さらには、それを共同で開発し、ブランディングし、発信していくことが求められる。ガストロノミー体験の提供を地域全体で推進するためには、地域のステークホルダーをつなぎ、マネジメントする視点が重要となる。

　経営学者のドラッガーによると、「マネジメント」は組織が成果を上げるために活動することを指し、この考えは今や観光の主流となっている着地型観光においても重要な視点である。観光地域そのものは、企業組織ではないが、地域を一つの組織と見立ててビジョンを持ち、観光客の受け入れや誘客の推進等に取り組むことが求められる。それは食をテーマにする場合においても同様である。各ステークホルダーの取り組みが各地・各場所で多発的に行われている動きのなかで、最終的には「ガストロノミー体験の提供」という一つの目的に沿って全体を包含し、さらに相乗効果を図っていくことが求められる。

　また、地域で美味しい店が増え、画一的ではなく地域の食材を活かした商品が出来てくると、その魅力を旅行者に的確に伝え、行ってみたいと思わせるデザインが重要になる。その場合、紙媒体だけでなく、WEB サイトや SNS などを通じて地域の魅力を発信するローカルメディアの存在は大きい。近年では、地方で活躍する若手のデザイナーの活躍も目立つようになってきた。グラフィックデザイナー、WEB デザイナー、プロダクトデザイナー、フォトグラファーなどデザイナーの領域は多岐にわたり、かつ一人で何役もこなす人が多い。いずれにしても、その土地の食の魅力が旅をしたいと思っている人に伝わらなければ、誘客にはつながらないため、地元のデザイナーやローカルメディアがパートナーとして果たす役割は大きく、場合によっては地域をマネジメントする立場になりうる存在になる。

3 庄内地域のガストロノミー・マネジメント

　山形県鶴岡市は2014年12月1日に、ユネスコ創造都市ネットワーク食文化部門への加盟が認定された。「食文化」での加盟は、日本で初めてである。食文化分野は英語ではシティー・オブ・ガストロノミー（City of Gastronomy）であり、文字どおり、鶴岡市は国際的なガストロノミー都市として認められた。次いで、2021年12月に、大分県の臼杵市が、同様に食文化分野でユネスコ創造都市ネットワークの加盟を果たした。2022年8月現在、世界で61都市のシティー・オブ・ガストロノミーのうち日本からはこれら2都市だけである。ここでは、鶴岡市の創造都市ネットワーク加盟までのガストロノミー・マネジメントを事例として取り上げる。

【1】庄内地域の概要

　庄内地域は山形県の南西部に位置し、陸地の三方を鳥海山、出羽三山、朝日山地に囲まれた扇状地となった庄内平野が広がり、昔から穀倉地帯として知られ、豊かな農産物、海産物に恵まれた地域である。2005年の市町村合併により2市11町1村は、現在、鶴岡市、酒田市と庄内町、三川町、遊佐町の2市3町となった。鶴岡市は庄内藩の城下町として、また、酒田市は最上川が日本海に注ぐ海運・商業の湊町として繁栄してきた。鶴岡市の人口は現在12万9千人、酒田市は9万9千人で3町を含んだ庄内地域の総人口は25万6326人（2022年7月1日）、面積は2405 km^{2}である。東京都の面積と比較するのが適当かどうかは分からないが、庄内地域は山岳が多いとはいえ、東京都の2194 km^{2}より1割がた広い面積を持つ。

　JR羽越本線で鶴岡駅から酒田駅までは普通電車で33分、庄内平野を鳥海山に向かって北に走る車窓はある独特の感慨をもたらす。それは、鶴岡と酒田の2都市を切り離しては語ることができないという旅人の思いであ

秋田県

遊佐町

酒田市

三川町

庄内町

鶴岡市

宮城県

山形県

仙台市

新潟県

0   50km

福島県

図 5・2 　庄内地域

り、車窓の風景がそれを庄内という一つの地名に結びつけるのである。

【2】庄内の風土的特性

　日本海と鳥海山、出羽三山、朝日山系に囲まれた庄内地域の自然環境は四つの主要な特性を有している（『食の都庄内』2014、p.3）。

　①山や川、海の養分がもたらす、5種類の土。
　②流れ込む水の違いが生み出す4種類の海域。
　③はっきりした四季。
　④在来作物がたくさん残る。

これらの風土的特徴は庄内地方のコメ、野菜、果樹、魚介類の生産の基盤となり、出羽三山の農業神信仰に結びつき、農業・漁業への熱心な探求心を生む土壌へと発展してきた。山形県出身の政治家、東山昭子はこう述べている。

　「戦後、農業は一見手厚く保護されてきたかに見えて、厳しい試練を経てきた。コメの増産奨励から減反強化。統制から自由経済・国際化の激浪の中で、農村は変貌し農地の荒廃、従事者の高齢化、後継者不足、価格の不安定、未来展望の喪失など、様々な要因を内包している。しかし山形の基幹産業は、地場に密着し、景観の中枢を占める農業である」（東山昭子、2004）

　山岳宗教の始まる聖地の一つであり、農業神を中心とした信仰の篤かった出羽三山への関東、東北、信越からの参詣者によって庄内の農業、漁業の営みは多様な郷土料理と食文化を育み、さらに洗練されていった。
　江戸時代に入り、北海道、東北、北陸と四国、江戸を結んだ西廻り航路は江戸幕府の命により河村瑞賢が1672年に整備したとされている。それは上方において北前船と呼ばれ、積み荷の売買がルート沿いの寄港地で行われ、西国や蝦夷からの物資や文化が酒田に運ばれ、さらに最上川の水運により酒田湊は内陸との結節点となった。東日本の角餅文化のなかで庄内地方と最上川沿岸にのみ見られる丸餅文化は、北前船によってもたらされた西国文化の影響とみられている。
　江戸時代初期から庄内地域の米作の開発は活発で、「庄内農民が、品種の改良や農業技術の改善に注いだエネルギーの強烈さとその成果は、ほかにその例を見ないと言っても過言ではなく、1969年（昭和44）には反当収量日本一の栄冠を獲得したのである」（戸川、1974、p.13）。こうした、歴史的な出羽三山参詣や北前船による日本各地との交流は多様性に恵まれた

風土とともに、庄内地域のガストロノミーの素地を育んだと言える。

【3】レストランの系譜

　飲食サービス業の発展は城下町であった鶴岡よりも、西の堺と並び称された交易都市の酒田において顕著であった。北前船と最上川の廻船が行きかう結節点となった酒田湊には江戸時代から商人の接待文化が花街と料亭を興し美食文化が生まれた。現在、観光施設となっている「相馬楼」と「山王くらぶ」は当時の栄華をしのばせる料亭であった。

　戦後、もう一つの美食文化が酒田に誕生した。1967年に開業したフランス料理店「レストラン欅」と1973年に開業した同じくフランス料理の「ル・ポットフー」である。この二つのレストランは地元の酒造会社「初孫」に生まれた佐藤久一が経営に携わり、いずれも文芸家の開高健や吉田健一、丸谷才一などから「奇跡のフランス料理」と絶賛された。「ル・ポットフー」の初代料理長だった太田正宏は当時、大阪の阿倍野調理師学校に辻静雄校長が招聘したフランス人シェフのセミナーに通って技を磨き、その後、酒田市内の百貨店にフランス料理「ロアジス」を開店した。そうした土壌に、洋食レストランのオーナーシェフが集まって1988年に「庄内DECクラブ」が結成された。会長は長く太田正宏だった。

　DEC（デック）とは Development、European、Creation（開発・西洋、創造）の頭文字である。若手シェフ対象の講習会や庄内特産の旬の食材を使った料理を提供する「庄内産食材キャンペーン」を毎年夏と秋に行っている。庄内産の食材を西洋料理に活かすこうした伝統は早くから培われていた。日本料理の調理師団体には、「山形県調理師調桜会」と「日本料理研究会荘内支部鶴岡庖栄会」があり、日本料理の伝統を継承している。

　1995年には鶴岡市の田んぼのなかに開業した農家レストラン「穂波街道」は、当初は自家栽培の野菜やハーブ、合鴨農法米で作ったカレーライスのみであったが、しだいにパスタ、セットメニュー、フルコースへとイ

タリアン・メニューを広げていった。言わば、地産地消レストランの走り
で、人気店となった。一方で、鶴岡市の旧櫛引町では1997年、農家の主
婦の、長南光が自宅で1日1組の農家民宿を開業した。その民宿の経験か
ら、2002年には田舎の故郷を持たない都会の人に本来の人間、自分の生
まれたときの空間を体験させてあげたいとの思いから、農家レストラン
「知憩軒」を始める。日本でも指折りの農家レストラン（2009年7月日本経済
新聞「何でもランキング」〈夏休みに行きたいレストラン〉第1位）として知られ
ている。

　磨き上げられた古民家の1階の広間でのおむすびランチ620円やおまか
せコース1200円（2013年当時）で地元の旬の野菜の焚き合わせ、山菜料理
の前菜、自家製ごま豆腐、イチゴのシャーベットなど心のこもった手づく
り料理が味わえる。来訪者は全国からで福岡から2か月に1回やって来る
女性や日本の普通の家庭で食べられている食事を食べたいと来る外国人
（2011年、長南光の談）など、幅広い。

　付近の国道沿いには、長南光も設立に貢献した1997年オープンの農産
物直売所「産直あぐり」があり、新鮮な野菜や果物、安全な加工品を求め
る買い物客で年中にぎわっている。農家の主婦でもある小野寺美佐子の経
営する農家レストラン「菜ぁ」（民宿2002年開業）もまたその後、全国的な
知名度を得るが、地元のお客も多く、庄内の味覚を伝承する一人である。

　そうしたなかで、東京から故郷の鶴岡に戻っていた奥田政行は、第一ホ
テルのレストラン長を経て、地場イタリアレストラン「アル・ケッチァー
ノ」を2000年に開業した。2004年、テレビ「情熱大陸」での出演を機に、
奥田政行の名は全国に知れわたり、レストラン「アル・ケッチァーノ」の
駐車場は首都圏ナンバーの乗用車で埋め尽くされるのであるが、地元の人
は、奥田政行が「火付け役」だったという言い方をする。こうしたレスト
ランの系譜からだけでも庄内にはガストロノミーの素地が感じられる。

【4】「地産地消」と「食の都庄内」

　2001年10月、山形県は「農業基本条例」を公布し、「地産地消を促進し、県民が良質で安全な県農産物をいつでも合理的な価格で消費できるよう、県民の需要に応じた県産農産物の生産及び流通の体制の整備、県産農産物の価格の安定に向けた取組の推進等の施策を講ずるものとする」と全国の都道府県で最初となる〈地産地消宣言〉を行った。当時の高橋和雄知事は、山形県の農産物出荷高の目標を3000億円（2000年における山形県の農業産出額は2372億円）として、同時に「おいしい山形推進機構」を設立し、2002年には県の出先機関である庄内総合庁内に「庄内地域地産地消推進本部」が設置された。その推進体制は生産者と食品関連事業者、そして消費者（市民）が一緒に取り組むものであり、具体的にはホームページや「地産地消通信」による情報の発信、「庄内産品食の日」の制定、「庄内地域地産地消推進サポーター」交流会と会報誌の発行、生産者講習会など多彩な事業展開を行った。

　2004年からは「食の都庄内」親善大使を太田政宏（仏料理）、古庄浩（仏料理）、奥田政行（伊料理）の三人のシェフに委嘱し、首都圏や関西圏などでのPR活動を展開している。2007年からは庄内浜の魚介類に関する筆記試験と調理実技試験の検定を行い、2009年度現在142名の「庄内浜文化伝道師」とマイスター12名が認定されている。伝道師の専門は卸売業、小売業、飲食・宿泊業を中心に主婦にも広がっており、地魚を使った料理教室の講師や魚食普及イベントへの参加等で庄内産魚介類の地元消費に活躍している。

【5】「生産者の会」と「在来作物研究会」

　庄内産の食材の個性を巧みに活かした奥田シェフのメニューの数々の評判はメディアを通じて全国的に広まった。イタリア料理店「アル・ケッチ

ァーノ」の従業員たちは、食材の仕入れのため近くの「産直あねちゃの店」へ1日3回は自転車やバイクを飛ばした。奥田シェフは常に食材の生産現場に出向き、農産物・海産物を手に取って味わい、生産者と向き合い、試食会を重ね、そうした活動から約60人の「生産者の会」が組織された。「生産者の会」では生産者が奥田の料理を試食できる機会をたびたび設けた。奥田の生産者に対する姿勢は生産者の経済的生活を維持するという域にまで及んでおり、農産物の仕入価格に反映され、また、料理店での一定の利益を超えた余剰利益で生産者の研修旅行を実施している。このように、生産者とオーナーシェフとの強い連携は「アル・ケッチァーノ」に独特である。

　生産者の会の中心的メンバーの一人である井上農園（鶴岡市）の代表井上馨は、旧藤島町渡前にあるコメ、小松菜、トマトなどの農場を5人の従業員を雇用して経営している。鳥海山と出羽三山を望む31 haの田畑では兼業農家ではできない農薬7割減の特別栽培を行い、9割をJAへ出荷しているがレストランや消費者含めての発信の必要性を感じ、2013年に敷地内に小屋を新築し、納品先のレストランにちなんで「奥田ハウス」と名づけ、奥田シェフが連れてくるお客さんや直接来園する消費者に園内の食材を摘んでもらいバーベキューを行う体験サービスを提供している。そうすることにより消費者に農業への理解が得られるという。

　羽黒山のふもとの元牧場にアスパラガス（ユリ科）、辛み大根、ダダ茶豆、赤かぶ、ジャガイモなどを栽培する叶野野菜農場（鶴岡市）の叶野康衛は現在（2014年5月当時）東京3店と福岡1店のレストランに卸すほか、余目のレストラン「ブリアーノ」や鶴岡のレストラン「ジュール・ファスト」「主婦の店」などに卸している。アスパラガス畑は元牧場の山の斜面なので、土が流されないよう雑草をはやしている。山菜ウド、うるい、赤かぶ、こごみなどの山菜が人気で土に感謝する「山菜の時代」になったと言う。

　農学博士の青葉高の著書『北国の野菜風土誌』（1976）などに見られる在来作物の研究は、のちに山形大学農学部の庄内在来作物研究会へと結ばれ

庄内平野と鳥海山の風景　　　　　鶴岡市三瀬の料亭旅館「坂本屋」

ていく。山形大学農学部の江頭宏昌（当時準教授）は在来作物の研究を始め、「山形在来作物研究会」を発足し、同時に奥田シェフとの出会いから一緒に在来作物を作り続けている農家を調査し、その内容を地元の情報誌『庄内小僧』へ2004年の1年間連載した。在来作物の調査と農家への啓蒙は、10年後には庄内のガストロノミーに欠かせない遺産となった。

【6】食文化創造都市への挑戦

　鶴岡市は2010年にユネスコ創造都市への立候補を発表し、ユネスコの財政難で手続きが遅れるが、2013年に本部のパリへ申請、2014年12月に認定の通知を受け取った。鶴岡市のユネスコ創造都市ネットワークの加盟を見据えて、2011年7月には「鶴岡市食文化創造都市推進協議会」が発足していたが、翌年の「鶴岡市食文化創造都市推進協議会総会」にアドバイザーとして出席していた奥田政行はこう発言している。「芸術は人を楽しくする、人間性を豊かにする。自分は食を芸術の域まで高めたい」と。こうした言葉に象徴されるように、この時点で、ガストロノミーは鶴岡に存在していたと言っていいだろう。山形県庄内総合支庁に2004年に立ち上がった「食の都庄内」づくり推進事業は10年後に、鶴岡市のユネスコ創造都市ネットワーク食文化部門の加盟となって結実した。そこに至る庄内地

域のガストロノミー・マネジメントは、生産者、料理人と行政、産業界、大学、有識者、そして市民による、ガストロノミーという価値の創造に向けた共創であった。

注

1　4章8節のガストロノミーツーリズムとテロワールを参照。
2　全国地方銀行協会のWebサイトによると、2022年7月現在、29事例が紹介されている。

参考文献

田沢竜次（1985）『東京グルメ通信・B級グルメの逆襲』主婦と生活社（日刊誌『angle』連載を基にまとめた本）

戸川安章「出羽三山と庄内の農民信仰」『月刊歴史手帖』1974 - 2巻8号、名著出版、p.13

東山昭子（2004）「二十一世紀を展望した農村文化の再生」『現代と公益』No.7、p.19

山下慶洋（2009）「地産地消の取組をめぐって」『立法と調査』299、pp.66 - 75

観光庁 HP「観光地域づくり法人（DMO）」、
https://www.mlit.go.jp/kankocho/page04_000053.html

てんとうむしばたけ HP、https://tentoumushi-batake.com/

「三重の食」ポータルサイト、https://www.shoku.pref.mie.lg.jp/jp/contents12.html

山形県庄内総合支庁産業経済部産業経済企画課 (2014)『「食の都庄内」食材ガイドブック〜豊かな大地と海の恵み〜』

Getz, D. et al.(2014) *Foodies & Food Tourism*, Oxfordshire, Goodfellow Publishers LTD

UNWTO (2019) *UNWTO Tourism Definitions*, https://doi.org/10.18111/9789284420858

6章

日本のガストロノミーとインバウンド

日本は世界に誇る豊かな食文化を有している国である。そして、豊かな日本の食文化を求めて、多くの訪日外国人旅行者が日本を訪れている。観光における「食」はなくてはならないものであり、日本固有の「食文化」は、訪日外国人旅行者にとって大変興味深く映るだろう。

　日本のインバウンドは国の施策をもとに成長を遂げ、国は2030年には訪日外国人旅行者数6000万人という目標を掲げている。2023年以降は、新型コロナウイルス感染拡大の終息とともに、インバウンドの回復が期待されているが、旅行者の旅行目的は変化しており、旅行の質的向上や充実が求められはじめている。ガストロノミーツーリズムは日本各地域に内在している食文化の魅力を再発掘し、地域の食文化を楽しむツーリズムである。本章では、日本におけるガストロノミーツーリズムの可能性と価値をインバウンドの視点から考えていきたい。

1　日本のガストロノミー

　ガストロノミーという言葉は、紀元前4世紀ギリシャ人アルケストラトスが料理の詩集「ガストロノミ」を書いたことを起源とするとされており、1823年ブリヤ・サヴァランが『味覚の生理学』（邦題『美味礼讃』）にて、食生活を行う存在としての人間に関わりのあるすべてのものについての理論的知識と定義づけた（4章記述）。本章では、日本のガストロノミーを日本の「食文化」と捉えて進めていきたい。そもそも日本において、「食文化」という言葉はとても新しい言葉である。1970年代後半に石毛直道氏が食文化という概念を提示し、それまで栄養学や生理学の領域であった食が、自然科学や歴史、民俗、美術工芸等、人間の食をめぐる一切を含む概念として広がった。

　2017年には、日本の文化芸術基本法第十二条において、日本の「食」が

茶道や華道、書道と並び、芸術・文化として認定され、食文化の振興が明記された。食を文化・芸術として捉えることはツーリズムにおいても大きな意義があると思う。文化芸術基本法の改定には、観光やまちづくり、国際交流等、幅広い関連分野との連携を視野に入れた総合的な文化芸術政策の展開が求められるようになってきたという背景がある。今後、日本のツーリズムを考えていく際に、日本の食を「食文化」として捉えた戦略や施策が必要になるであろう。

「ガストロノミーツーリズム」は、旅行中の食品および関連製品や活動に関連する観光活動とされており、その対象は、歴史、文化、地理、経済、地域社会により構成されている。UNWTO駐日事務所、(公社)日本観光振興協会、㈱ぐるなびは、2018年に「日本のガストロノミーツーリズム」を次のように定義づけた。

「日本のガストロノミーツーリズム」とはその土地の気候風土が生んだ食材・習慣・伝統・歴史などによって育まれた食を楽しみ、その土地の食文化に触れることを目的としたツーリズムである(「我が国のガストロノミーツーリズムに関する調査報告」)。

日本には各地域に根づいた食習慣や、郷土料理、食べ物に関わる年中行事が今も受け継がれている。その地域特有の食文化を知り、学び、味わい、楽しむガストロノミーツーリズムは、地域を中心としたツーリズムと言える。ガストロノミーツーリズムは食文化を通じて、日本各地域の魅力を旅行者に提供するだけでなく、旅行者の体験を豊かにし、地域のつながりを深めることができる潜在的な可能性を秘めている。

また、日本には、古くから日本料理に中国や朝鮮半島の料理を融合させ発展してきた歴史がある。江戸時代には長崎の出島からヨーロッパ料理が伝わり、明治時代に入ると外国の食や文化が急激に日本に入り、日本独特の食の発展を遂げてきた。日本の食文化の融合と発展の歴史も世界から見ると大変興味深い。そして、今、日本の食は世界各国に広がっており、本物の日本の食を求めて多くの観光客が日本を訪れている。

2 日本のインバウンドの取り組み

　日本のインバウンド施策は、2003年ビジット・ジャパン事業が開始され、訪日外国人旅行者の増加を目的とした戦略的な訪日プロモーションが実施され始めた。2006年には、「観光立国推進基本法」が成立し、観光が日本の重要な政策の柱として初めて明確に位置づけられ、2008年には観光庁が設置された。観光は日本の重要な成長分野として取り組まれ、2003年に518万人であった訪日外国人旅行者数は、2013年には1368万人と1000万人を突破し、2019年の3188万人まで過去最高を更新し続けてきた。

　政府の観光戦略をもとに、ビザの緩和、消費税免税制度の拡充、出入国管理体制の充実が図られ、航空・鉄道・港湾等の交通ネットワーク拡充や多言語表記、Wi-Fi対応等の受入環境整備が進められてきている。さらに、観光コンテンツの魅力発掘や造成、戦略的な訪日プロモーションなど、政府および観光関係者の取り組みにより、日本は観光立国から、観光先進国に向かい成長を続けている。世界の外国人旅行者受入数ランキングを見ても2009年日本は34位であったが、2019年には世界で12位、アジアでは中国、タイに次ぐ3位にまで順位を上げてきている (UNWTO、2021)。

　2020年からは、世界的な新型コロナウイルス感染拡大による渡航制限の影響のため、世界の国際観光客数は大きな打撃を受けた。2010年以降、10年連続で増加していた国際観光客数は、2019年の14億人6100万人から2020年には3億9400万人と大きく減少し、日本の訪日外国人旅行者数も2020年は412万人、2021年は25万人と大幅に減少した。しかし、2022年後半からは、回復の兆しが見え始めている。

　2022年4月に開催されたWTTC (世界旅行ツーリズム協議会)サミットでは、2023年には世界の観光客数は2019年水準まで回復すると発表されており、UNWTOも2023年〜2024年を観光回復時期と予想している。日本政府も2030年の訪日外国人旅行者数を6000万人とする目標を掲げており、6000

万人を突破すれば日本が観光先進国の仲間入りをすることは間違いないであろう。そのためにも、新型コロナウイルス感染拡大の影響による旅行者の旅の目的や旅の行動変化を捉えたインバウンドの早期回復の施策が必要である。

UNWTO は、新型コロナウイルス感染拡大による旅行者の行動の変化として六つのキーワードを発表している。

①マイクロツーリズム（Closer）
　国内観光、人々がより近くを旅行する傾向、多くの市場で前向きな兆候を示している
②自然・農村・野外体験（Get away）
　自然、農村観光、ロードトリップは、旅行の制限と野外体験の探求により人気ある旅行の選択肢として浮上
③若い旅行者
　旅行の回復は若い層でより強くなっている
④健康と安全対策
　健康と安全対策とキャンセルポリシーは、消費者の主な関心事
⑤直前予約
　パンデミック関連のイベントの変動と旅行制限により、直前予約が増加
⑥持続可能性、信憑性、地域性
　旅行者は地域社会にプラスの影響を与えることをより重要視しており、情報の信憑性を求める声が高まっている

太平洋アジア観光協会（PATA）の発表でも、新型コロナウイルス感染拡大終息後の旅行スタイルとして、安心、安全が最大の関心事となっており、旅行の質的向上、特に観光地での食や宿泊施設の充実を求め、大型団体ツアーから少人数のテーマツアーへのシフトや FIT（Foreign Independent

Tour の略、個人旅行者）、SIT（Special Interest Tour の略、趣味やテーマ性が高い特別な目的に絞った旅行）が増加するとされている。さらに、持続可能な観光に関する意識も向上しており、世界の旅行者はサステナブル観光に対して高い意識を持ち始めている。

　日本は観光先進国の仲間入りをし、今後、さらに多くの観光客が日本を訪れることが期待される。注目すべきは、訪日外国人旅行者が日本を訪れる目的の1位が「食」だという点である。「食」を目的とした旅は、世界的にも人気となっており、JNTO（日本政府観光局）が2022年発表した調査によると世界における海外旅行の主な目的の1位はガストロノミー・美食であった。

　旅行において、その国、その土地の食は旅の楽しみの大きな要素である。観光庁の「訪日外国人消費動向調査2019年年次報告書」の発表によると、訪日外国人が訪日前に期待していたことは「日本食を食べること」が69.7％で1位、「日本のお酒を飲むこと」が2位となっており、多くの訪日外国人が本物の日本食やお酒を楽しみに日本を訪れている。また、訪日中に満足したことも「食」が1位であり、再び日本を訪れた時にしたいことの1位も「日本食を食べること」である。日本の食・食文化は日本固有の発展を遂げ、日本独自の豊かな食文化を築いてきた。日本を訪れる外国人旅行者へ日本の食や、お酒だけでなく、食文化を楽しむ体験を提供することは、旅行の質的向上や本物を求める旅行者に新たな発見や、高付加価値な体験を提供することにつながるだろう。

3　和食の歴史とインバウンド

　「和食」とは、明治時代に西洋からさまざまな料理が日本へもたらされ「洋食」に対する言葉として使われ始めた。そのため「和食」は、江戸時代

までの伝統的な一汁三菜の形式を典型とする日本料理を指すほか、明治時代、日本で独特に発展してきたトンカツやコロッケ、すき焼きなども含むと考えられている。

　和食は、千年以上にわたり日本の伝統的な食文化を作りあげてきた。

　日本では、弥生時代の水田稲作の発展により、お米を主食としておかずを食べる食文化が本格的に始まったと言われている。飛鳥・奈良時代の675年には、天武天皇により牛・馬・犬・猿・鶏の「殺生禁断令」が発布され、以来、たびたび肉食禁止令が発令された。日本人は、魚から動物性たんぱく質を、大豆と米から植物性たんぱく質を取るようになり、魚や植物性食材だけでは物足りない面を「だし」という工夫で補ってきた。長い歴史のなかで日本独特の食事形態や、食文化が形成されてきたのである。

　平安時代には、中国の食文化の影響を受けた公家が、客人をもてなす料理様式「大饗料理」が発展、一方、鎌倉幕府は一転して「質素倹約」の時代を迎え、この時期に禅宗が伝来し、僧侶によって植物性素材だけを使った精進料理が広まったと言われている。室町時代には、武士が客人をもてなす様式「本膳料理」が登場。これは作法が非常に厳しいもので、昆布・鰹節によるだしの使用が始まり、料理は一層奥深いものとなった。さらに、安土桃山時代にはお茶を楽しむ前に料理を楽しむ試みが、懐石料理の誕生へとつながっている。

　江戸時代は、日本の食が大きく開花したと言われているが、この時代に料理屋が発生し、現代に見られる1日3食の習慣が定着している。うどん、そば、鮨、天ぷら、かば焼きなどの屋台が普及し、庶民の食文化が花開いた。茶道において誕生した「懐石料理」から、茶の湯を切り離してお酒と食を楽しむ「会席料理」が料亭で提供されるようになったのも江戸時代と言われている。江戸時代の日本料理の大衆化は日本の食文化の大きな特徴の一つである。

　幕末から明治維新の文明開化期に入ると、港町を中心に西洋料理屋が登場し、西洋ブームとも言える風潮が起こった。また、肉食が本格的に再開

し、牛鍋（今のすき焼きのような料理）が流行した。明治末期から西洋由来の野菜も八百屋に並び、大正期にはカレー、コロッケ、トンカツという現代でも大人気の三大洋食が流行する等、日本食をベースとした和洋折衷料理は、明治・大正期に大きく進化をとげている。

　ナポリタンは日本発祥のパスタ料理として有名である。カレーライスもインドを起源にイギリスを経由して、カレーライスに進化した日本の代表的な国民食となっている。天津飯は浅草の大衆的な中国料理店が発祥と言われており、エビチリやエビフライも日本で開発された日本発祥の料理である。東京・銀座「煉瓦亭」、大阪・心斎橋「北極星」はオムライスを人気の洋食メニューに育て、ラーメンは明治時代の南京そば、支那そばから、札幌ラーメン、喜多方ラーメンなどのご当地ラーメンやつけ麺など今も発展し続けている。

　第二次世界大戦後の昭和30年代高度成長期に入ると、低温輸送、冷蔵庫、ガスの普及により調理も広がり、新鮮な肉・魚・野菜や、肉加工品・乳製品が手に入るようになってきた。また、インスタント食品・ファミリーレストラン・コンビニエンスストアが登場し、今も進化し続けている。

　また、日本の伝統的な食文化は、日本の年中行事や郷土料理とも密接な関わりがあり、行事や神事の際に決まった郷土料理を食べる習慣は、各地域に今も多く残されている。正月には雑煮、おせち料理、屠蘇酒、七草がゆを食べ、雛祭りには草もち、菱もち、白酒で祝う。七夕には織女にちなんでそうめんを食し、月見には、くり、いも、月見だんごなどで月見の茶事を行う。七五三には千歳あめで長寿を願い、冬至がゆや冬至かぼちゃで寒い冬を乗り切り、大晦日には縁起を担いで年越しそばを食べる。季節の行事にあわせて食べる特別な料理は、それぞれ各地域により特色があり、現代も大切に受け継がれている風習であり、日本各地域の食文化である（表6・1）。

　日本各地の食文化は、地域それぞれの儀式や季節の食材に合わせて形成され、それぞれの地域で育まれてきた文化とともに、地域固有の郷土料理、

表 6・1　日本の代表的な郷土料理

地域	料理名
北海道	石狩鍋、三平汁、いか飯、ルイベ、ジンギスカン
東北地方	じゃっぱ汁、しょっつる、きりたんぽ、いも煮、こづゆ、いちご煮、せんべい汁、わんこそば、稲庭うどん、はらこ飯
関東地方	あんこう鍋、ちたけそば、つみっこ、生芋こんにゃく料理、さんが焼き、くさや、太巻き寿司、にぎりずし
中部地方	ほうとう、五平餅、鮭の酒びたし、治部煮、へしこ漬け、ほうば味噌、いなまんじゅう、ひつまぶし、鱒寿司
近畿地方	てこね寿司、ふな寿司、いも棒、うどんすき、柿の葉寿司、めはりずし、箱寿司、三輪そうめん、鴨鍋
中国・四国地方	わりごそば、ばらずし、カキの土手焼き、たらいうどん、讃岐うどん、皿鉢料理、宇和島鯛めし
九州・沖縄地方	がめ煮、卓袱料理、ちゃんぽん、からしれんこん、鶏飯、馬刺し、とんこつ、チャンプルー、ソーキ汁

(出典：農水省農山漁村の郷土料理百選・日本の食の近未来を基に筆者作成)

ご当地グルメ、地産地消として継承されてきた。日本料理に欠かすことができない醤油、味噌、みりんも日本の気候風土から育まれた発酵技術により生まれた調味料である。料理だけではなく、箸で食べる文化や、料理ごとに違う色とりどりの器を楽しむのも日本独自の食文化である。

　「食」といっても、食の概念は広く、自然科学や人文科学など多岐にわたり、生存のすべてにつながっている。日本を代表する日本料理店「分とく山」の野崎総料理長は「食はすべてにつながっているから、あらゆることを学ぶ必要がある」と日々、日本の歴史や文化を学び、料理で表現し続けている。「和食」は料理人によって考え方が異なり、「和食」の明確な言葉の定義はない、とも言われているが、長く各地域で受け継がれてきた日本の食文化であることは間違いない。

　2023年は、「和食：日本人の伝統的な食文化」がユネスコの世界無形文化遺産として登録（2013年）されてから10年である。ユネスコ無形文化遺産に登録された「和食」は、「自然を尊ぶ」という日本人の気質に基づいた

「食」に関する「習わし」とされ、四つの特徴を挙げている。

- 多様で新鮮な食材とその持ち味の尊重
- 健康的な食生活を支える栄養バランス
- 自然の美しさや季節の移ろいの表現
- 正月などの年中行事との密接な関わり

「和食」は時代の変遷とともに各国の食材や技術、思想や文化を融合させ、地域の伝統や習慣とともに進化してきた日本特有の食文化である。今後、日本特有の食を求める旅や、地域の食文化が持つ歴史やストーリーを楽しむ旅の需要がますます増加すると思われる。日本で暮らす人々にとって当たり前の食生活や外食の楽しみが、訪日外国人旅行者にとっては新鮮で奥深い。私たち、日本人自らが日本の「食文化」の豊かさを知り、食文化を通して日本の歴史や文化を理解することは、今後世界のなかで日本が各国と相互理解し合うためにも重要なことなのではないかと思う。

4 日本の外食産業と和食のグローバル化

　日本の外食産業は1970年大阪万国博覧会開催時に始まったと言われている。ケンタッキーフライドチキンが初めて日本に上陸し、すかいらーくやロイヤルホストなど日本のフランチャイズチェーンが誕生して発展を遂げてきた。さかのぼると、江戸時代に始まった寿司や天ぷらの屋台が、時代とともに発展を遂げ、日本の現在の食生活につながっている。日本の外食産業は1997年の29兆円をピークに右肩下がりであり、今後も日本の人口減少、少子高齢化に伴い縮小すると予想される。また、コンビニエンスストアや中食市場の拡大、リモートワークやワーケーションなど多様な働

き方により外食利用の目的も変化し始めており、接待や会社での宴会は確実に減少していくであろう。外食関係者は、外食の新たな価値を提供することを考え始める必要がある。外食関係者にとっても、日本各地域の食文化を理解し、「ガストロノミーツーリズム」の視点で新たな価値を提供することは多くの発見や機会を見出すことにつながるだろう。

　世界に目を向けると、和食（日本食）レストランは年々増加をしている。2019年の海外における日本食レストラン数は15.9万店となっており、2008年の2.4万店から6.6倍に拡大している（農林水産省）。海外における和食レストラン数は、日本外食企業の海外進出、および各国食関連企業の和食レストラン参入により今後ますます拡大していくと予想される。現段階では、日式といわれる、日本食を模倣した和食レストランが多いのも事実であるが、日本企業の海外進出の加速やインバウンドで本物の日本食を味わう機会が増えてきたことにより、世界各国においても日本と同様の味や文化を楽しめる日本食レストランが増えていくだろう。以前は、ファミリーレストランやチェーンなど大規模な外食企業の海外進出が多かったが、近年は、企業規模や業態に関係なく、海外に進出する日本の外食企業が増加している。

　日本の外食はバラエティ豊かな食が楽しめるのが特徴であり、日本の飲食店検索サイトでは飲食店の業種・業態は259にも分類されている。さまざまな業種、業態の日本食が海外に進出することで、ラーメン、天ぷら、鰻、焼き鳥、うどん、そば、カレーライス、しゃぶしゃぶ、お好み焼きといった専門店が世界各国で拡大している。この数年は近隣のアジア圏だけではなくヨーロッパなどにも進出する企業も増えてきた。さらに新型コロナウイルス感染症拡大の影響により「日本のマーケットだけだとリスク分散できない」という経営者の考えにより海外進出を検討する外食企業は増えている。

　海外の和食レストランの増加は、料理だけではなく、日本酒の輸出にも大きく影響している。日本酒の出荷額は10年前に比べ約2倍、金額ペース

で3倍の伸びとなっており、新型コロナウイルス感染拡大下でも香港、中国、台湾、シンガポールへの日本酒の輸出金額は伸び続けている。海外での和食レストランの増加がインバウンドの促進だけでなく、日本産品の輸出拡大を大きく後押しをしていると言えるであろう。

　しかし、日本の外食企業の海外出店は容易なことではない。一般社団法人日本フードビジネス国際化協会（Japan International Food Business Association）では、外食企業の国際化を目的に飲食店の海外進出支援のためのノウハウ共有や支援を実施している。海外へ挑戦をした飲食店・企業が多数参画しており成功事例はもちろん、失敗事例など経営者自らの挑戦と苦労が共有されている。喜多方ラーメン坂内を展開する株式会社麺食は、あえて、ラーメン偏差値の高いアメリカ西海岸へ進出し、すでに6店舗を展開させ、2022年現在、ドイツをはじめヨーロッパへの進出に向け会社設立の準備を開始している。経営者自らが現地に赴き「ストレス社会にほっこりした美味しさを提供する」という企業理念を海外でも踏襲し成功させている。

　海外へ進出する際には進出形態（独資、合弁会社、FC）やパートナー選定、物件、人の雇用、味の選定など各国によって違う規制やルールを理解する必要がある。また、開業後経営を継続し続けることは、商習慣の違う国において決して容易なことではない。海外に進出している外食経営者たちは、

ENMARU インドネシアジャカルタ店（店提供）

互いに持つノウハウを共有し、日本の食文化を海外に広げるという、強い意志で海外進出を実行している。海外進出する外食企業への支援を強化していくことがインバウンドの視点からも有益である。

　一方、世界のトップシェフたちは、日本の「食文化」を学びに日本へ何度も訪れている。日本の食の技術を学ぶだけではなく、料理人の精神や哲学を学び、地域の食材を求めて各生産地を回っている。奈良・平安時代から続く日本の食文化の神髄に触れ、出汁やうまみを学び、それぞれの料理へのインスピレーションを働かせているのである。今後さらに多くの世界のシェフたちが料理の技術や哲学を学ぶために日本を訪れるであろう。世界のシェフが憧れるのは日本食の美学である、と辻調理士専門学校の辻校長は言う。日本食の扱い方や味付けの仕方における引き算の美学。日本人独特の美学・美意識を知り、日本料理文化の深みを知り、憧れを持つ。そして、多くの西洋料理のシェフが自分たちの料理に日本の料理文化を同化させはじめている、と（辻、2013）。

　今後、世界における和食レストランの増加や、日本酒や発酵調味料も含めた和食の海外進出はさらに加速していくものと思われる。同時に、本物の和食を求めて、日本に来る訪日外国人旅行者数も拡大していくことが期待できる。2025年に開催される、大阪・関西万博のテーマは「いのち輝く未来社会のデザイン」、コンセプトは「未来社会の実験場」だ。1970年の大阪万博から55年、日本および世界の新しい食の未来が発信される場。日本の外食産業も新たな価値の提供を創造するときがきている。

5 ガストロノミーツーリズムによる地方誘客と消費額改善

　日本は観光先進国に向かい進んでいるが、日本のインバウンドの課題として、地方への誘客と旅行者の消費額向上が挙げられる。ガストロノミー

ツーリズムは地域独特の食文化体験を楽しんでもらい、他地域との差別化も可能なことから、日本各地への誘客促進につながるツーリズムである。日本には地理的・歴史的・文化的背景が十分にあり、ガストロノミーツーリズムを推進する素地が十分に備わっている。UNWTOは、ガストロノミーツーリズムを、地域での差別化やユニークなポジショニングが可能、訪問者にかつてない新しい価値観や体験を与えることができる、ストーリーを語りやすい、訪問地域への高い再訪意識をもたらすことができるという理由から、持続可能な観光として推進している。

　現在、日本各地の特徴ある食材や、郷土料理を食べることができる飲食店の紹介などの発信はされているが、食文化のストーリーを楽しむ食文化体験の発信はまだ不十分である。各地域に存在する歴史や食文化を掘り起こし、食文化を楽しむ体験を提供することがこれから求められるだろう。ガストロノミーツーリズムは、単に飲食店でのメニューの提供だけではなく、生産者（農業、漁業）、加工業者、飲食店や食関連企業、お土産などの小売業が関係するツーリズムである。地域において、ガストロノミーツーリズムに携わる関係者と協力、連携することがとても重要だ。特に、今まで観光に携わってこなかった、生産者や加工業者、飲食店や料理人の観光意識を高め、つながりを強くすることだ。料理人や生産者は地域の旬の食材や四季折々の美味しい食べ方はもちろん、食に纏わる歴史や知識を持っている。地域の食を提供している料理人や生産者の経験や知識を活かすことで、地域独自のガストロノミーツーリズムを促進することが可能になるのである。

　次に、訪日外国人の消費額を見ると、2018年の4兆5189億円に対して、2019年は4兆8135億円に留まっており伸長していない。日本政府は2030年の目標として、訪日外国人の消費額15兆円を掲げているが、消費額向上への具体的な施策が必要である。観光において、モノ消費から「コト消費」の重要性が指摘されはじめ、「コト消費」は旅行者の消費額を増加させる効果があるとされている（観光庁）が、「ガストロノミーツーリズム」は

観光における消費額向上に大きく寄与できるツーリズムの一つである。訪日外国人の消費額の内、飲食費に注目をして見ると、2018年は9783億円、2019年は1兆397億円であり、訪日外国人消費額の21.6％を占めている。この訪日外国人の飲食消費額は今後大きく向上させる余地が十分にある。一部の飲食店においては、その兆候が見られ始めていた。

　日本には約50万店の飲食店が存在しているが、新型コロナウイルス感染拡大前の2019年時点でインバウンドの受入環境が整い、戦略的に訪日外国人旅行者を受け入れ、売上や利益を向上できていた飲食店は一部である。飲食店の経営者は、押し寄せてくる訪日外国人旅行者を、ただ受け入れるだけでなく、2030年に向けて、インバウンドの戦略を立てることが重要だ。

　地域の自治体が掲げている2030年に向けたインバウンド目標やターゲット国を把握し、自店の計画を立てる。まずは、メニューの多言語化、Wi-Fi対応やオンラインでの多言語発信、動画での情報発信を開始し、訪日外国人旅行者へ受け入れる意志を伝えることが大切だ。訪れた旅行者は、飲食店での料理やサービス、日本の食文化をSNSや口コミで友達や同僚に拡散してくれる。ポイントになるのが、訪日外国人旅行者は、日本のメニュー名を見ても、どのような料理なのか、分からないという点である。メニューの説明や、食材、調味料等の情報を写真とともに提供すれば、旅行者はメニューを選択しやすくなる。

　また、訪日外国人旅行者のなかには、ベジタリアン、ヴィーガン、ハラル等多様な食習慣を有する旅行者も多く、インドでは人口の28％、台湾では14％がベジタリアン等と言われている（観光庁）。なかでも、ベジタリアン、ヴィーガンは、宗教、動物愛護、環境保護、健康志向などの目的や類型も多岐にわたっており、飲食店側の対応が難しい。観光庁は「飲食事業者等におけるベジタリアン・ヴィーガン対応ガイド」を作成しており、参考にすることをお勧めする。

　ベジタリアン、ヴィーガン向けのメニューを準備する際には、既存のメ

ニューをベースに、動物性の魚介類を野菜に変更するなど工夫して提供することも可能だ。マレーシアやインドネシアに多いムスリム（イスラム教を信仰する人々）は、豚肉やアルコール等を口にすることを許されていない。ムスリム旅行者の受け入れについても、できることから始めることだ。私が訪れた国では、ムスリムでもアルコールを飲んでもいい日が設定されていたり、旅行時には豚骨ラーメンを食するという人も多くいた。信仰する宗教や、国や地域、考え方により食習慣もさまざまであるということを知り、まずは、できることから始めることが重要である（表6・2）。

　今後、日本の各地域に存在する飲食店や料理人は、地域の食文化を提供し、旅行者の地域における消費額を向上させる役割を担うことができるだろう。訪日外国人旅行者は、各地域の郷土料理や、お酒、食べ方、食習慣など地域の食文化を楽しみたい。飲食店でメニューを提供するだけでなく、料理人が地域の食文化を伝えることも大切な食文化発信だ。

　たとえば、料理人が取引をしている生産者と旅行者をつなげることで、漁業体験や農業体験の情報を提供することも可能だ。地域の観光事業者と連携し、地域のイベントや体験の情報も提供できる。飲食店、料理人自らが、食文化体験を創造することも可能だ。食文化体験を創造する際には、地域の食に纏わる観光資源を掘り起こし、ストーリーを持った体験を創造することだ。食は自然・歴史・伝統・習慣・信仰・美術・生命・文学・科学等すべてにつながっている。地域の食文化を楽しんでもらうガストロノ

表6・2　ベジタリアン、ヴィーガン向けメニュー例
　　　（Mr. FARMER 駒沢オリンピック店、2023年1月時点）

- アボカドとキヌアのアーモンドミルクソース
- レンコンときのこ、ナッツ
  （ロメインレタス、ケール、トレビス、レンコン、きのこ、リンゴ、ジンジャーナッツ、チャービル、バルサミコドレッシング）
- ヴィーガンバーガー／アボカド＆テリヤキソース
  （バンズ、赤ワインテリヤキソース、ヴィーガンマスタードマヨネーズ、トマト、ヴィーガンタルタルソース、アボカド、レタス、大豆ミート、ポテトフライ）

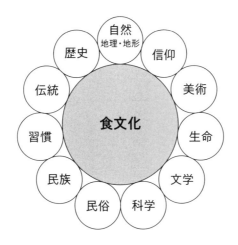

図6·1　食はすべてにつながっている（杉山作成）

ミーツーリズムの視点で、旅行者に提供できる価値を地域の事業者と連携して創造してみてほしい。

　飲食店や料理人が「地域の食文化を発進する場」「地域の食文化を体験する場」の発想を持つと、さまざまなアイデアが出てくるのではないだろうか。そして、地域を訪れた訪日外国人旅行者はその土地ならではの食文化体験を楽しむことができるだろう。

　UNWTO は、世界的にガストロノミーツーリズムを推進しており、2015年より毎年「ガストロノミーツーリズム世界フォーラム」を世界各国で開催している。2022年12月には奈良県にて「ガストロノミーツーリズム世界フォーラム」が日本で初めて開催された。奈良県は、食と農の魅力創造国際大学校（NAFIC）の設立や NAFIC とスペイン・サンセバスチャンにあるバスクカリナリーセンター（BBC）との連携協力、ミシュランガイド奈良版の出版など食文化振興を積極的に進めてきた。日本古代史の発祥の地であり、日本の食文化の発祥の地である奈良で日本で初めての「ガストロノミーツーリズム世界フォーラム」が開催されたことは大変大きな意義があると考えている。

また、UNWTO は、ガストロノミーツーリズムの発展ガイドラインにおいて、「思い出に残る体験の提供」を推進しており、その提供要件を示し、ガストロノミーツーリズムを「体験型の観光」としている。

〈思い出に残る観光体験の要件〉

- 独自性のある環境の整備やシナリオを策定する
- 楽しみ、くつろぎ、あるいは非日常の体験を提供する
- アクセスを限定する
- テーマ別にする
- 観光関連事業者との交流の機会を提供する
- 地域の産品を活用した土産物等を含める
- 学びの機会を増やす
- 感情を解き放つ

　これらの思い出に残る観光体験の要件は、インバウンドに限らず、国内の旅行者への観光体験の提供としても必要な要件だと言える。そして、旅行者を誘客するためには、地域のガストロノミー資源を掘り起こし、磨き上げ、五感すべてを感じて楽しんでもらう思い出に残る体験を提供することが重要だ。

　2022年5月に開催された世界経済フォーラムで、日本が初めて旅行・観光開発指数ランキング1位を獲得した。交通インフラの充実や、世界遺産など文化資源、社会・経済的レジリエンス（強靭性）が評価されたポイントである。インバウンドの拡大に向けて、地域に内在するガストロノミー資源を料理人、生産者、関連事業者とともに掘り起こし、地域ならではの食文化体験を創造していきたい。ガストロノミーツーリズムはその地域特有の食文化を知り、学び、食し、味わい、楽しむ食文化体験である。そして、ガストロノミーツーリズムは、地域経済の発展につながる施策なのである。

参考文献

青木ゆり子（2018）『日本の洋食』ミネルヴァ書房

岡田哲（2003）『食文化入門——百問百答——』東京堂出版

観光庁（2015）「ムスリムおもてなしガイドマップ」

観光庁（2020）「飲食事業者等におけるベジタリアン・ヴィーガン対応ガイド」

観光庁（2020）「訪日外国人消費動向調査2019年年次報告書」

観光庁（2022）「令和3年度観光の状況及び令和4年度観光施策」

京都府立大学和食文化学科（2021）『和食文化学入門』臨川書店

熊倉功夫（2013）『日本の食の近未来』思文閣出版

国土交通省（2022）「観光白書」

辻芳樹（2013）『和食の知られざる世界』新潮社

辻芳樹（2015）『すごい！日本の食の底力』光文社

日本の食生活全集・奈良編集委員会（1992）『聞き書 奈良の食事』農山漁村文化協会

日本フードビジネス国際化協会（2022）『海外出店のリアル』旭屋出版

野本暉房・倉橋みどり・鹿谷勲（2018）『神饌　供えるこころ』淡交社

ブリア－サヴァラン／関根秀雄他訳（1967）『美味礼讃』岩波書店

八百啓介・九州外来食文化研究所（2020）『外来食文化と日本人』弦書房

UNWTO（国連世界観光機関）駐日事務所、公益社団法人日本観光振興協会、㈱ぐるなび（2018）「我が国のガストロノミーツーリズムに関する調査報告」

UNWTO（国連世界観光機関）（2021）「ガストロノミーツーリズム発展のためのガイドライン」

7章

ガストロノミー体験づくりの
ヒント

ガストロノミーツーリズムは、地域の食文化をまるごと体験する観光である。地域のなかにはガストロノミー体験として活かせていない資源が眠っており、それらを発掘し、その土地で継承されてきた意義や思いを丁寧に伝えることによって、旅行者にその地域ならではの体験を提供することができる。ガストロノミーを体験できる拠点は、旅館・ホテル、飲食店、道の駅、また田畑や果樹園だけではなく、地域の食に関連するあらゆる施設や空間・景観にまで広がっていく。また、地域の生産者や料理人の知識や経験、食への思いや哲学は、地域独自の体験プログラムの造成に活かすことができる。

　「美食」あるいは「グルメ」という言葉にとらわれて、料理や飲み物だけにフォーカスするのではなく、食べることのあらゆる行為や背景、そしてローカルな食文化や流通の現場にも目を向けよう。

　地域づくりにおいて大事にしたい「地域らしさ」には、その土地で暮らす人々に受け継がれてきた技術や道具、住民に親しまれてきた食べ物や店、おもてなしの対応がある。ここでは、そのヒントとなる素材を提示する。

1 料理人・生産者と ガストロノミー資源を掘り起こす

　料理人は美味しい料理を作り、提供するために、生産者は美味しい食材を作り、提供するために、技術や専門知識はもちろん、日々、食に纏わるあらゆることを学んでいる。食は自然・歴史・伝統・習慣・信仰・美術・文学・科学等すべてにつながっており、奥深い。だからこそ、地域に内在するガストロノミー資源を掘り起こす際、その地域の料理人、生産者の知識や経験を活かすことが大切だ。料理人や生産者の食への思いや哲学も、地域独自の体験プログラム創造に活かすことができるだろう。日本は各地域に興味深いガストロノミー資源が存在している。

奈良市にある「ほうせき箱」「SOUSUKE」は、全国から客が訪れる人気のかき氷店である。奈良の文化に寄り添ったかき氷を提供している店主に奈良でかき氷店を展開する理由や、食文化伝承の思いを聞き、日本最古とされる氷室（ひむろ）神社を訪れた。

　なぜ、奈良でかき氷なのか。奈良県福住町には430年創建とされる氷室神社がある。氷室とは、冷蔵庫のない時代に天然の氷を貯蔵するものであり、冬の間に池に張った氷を切り出し、山に掘った大きな穴に、氷が溶けないよう茅などをかぶせて貯蔵し、夏になると氷を掘り出す。「日本書紀」仁徳天皇即位62年（AD 374年）の項には、福住に狩りに来た額田（ぬかた）大中彦皇子（おおなかひこのおうじ）が、光るものを見つけ、氷室を発見した。氷を持ち帰り、天皇に献上したところ大変喜んで、以後、この地の氷室が天皇に氷を献上するようになった、と記されている。氷は毎年、皇室へ献上されるほど大変貴重なものだったのである。

　今も、福住には氷室跡と見られる穴が20カ所以上存在している。氷室

復元氷室

氷室跡

跡は山の中に点在しており、夏でも感じる肌寒さが、4世紀から続く氷の歴史と氷の貴重さを感じさせる。また、1999年には復元氷室が作られた。毎年冬になると、氷を氷室に搬入し、茅を詰め込み密封し、7月の氷まつりで氷を取り出す。地域住民や地元の小学生が貴重な氷を運ぶ。福住の氷室神社の宮司は、現代では氷は簡単に作ることが可能だが、昔の氷作りの大変さを知ってもらいたいと話す。そして、氷室の存在や当時の氷作りを通じて、地球温暖化など現代の環境問題を考える機会につながると話してくれた。

　福住の氷室神社の宮司と「ほうせき箱」「SOUSUKE」のかき氷店の店主は、かき氷と氷室神社を連携させた体験プログラムを開始した。奈良では、50店舗以上の店舗がかき氷を提供している。かき氷を通して、古墳時代から続く氷室の歴史や、氷の貴重さ、環境問題といった学びの機会となるガストロノミー体験は、旅行者にとって思い出に残る観光体験になるだろう。

② 料理人が地域を案内する

　今、日本の外食産業は、変革を問われている。人口減少や少子高齢化によるマーケットの縮小、新型コロナウイルス感染症拡大の影響による働き方の変化により、外食企業が提供する価値を考えなおさざるを得なくなっている。日本にはバラエティ豊かな食が存在しており、日本は世界に誇る美食国家である。そのなかで、日本の料理人は日々技術を磨き、地域の食材を活かしたメニューを考案している。直接生産者に出向き、料理に合う食材や調味料を探したり、新たな食材を生産者とともに開発している料理人も多い。料理人は調理技術を磨くだけではなく、食材の知識、地域の食の歴史や文化を学び、器の上で表現している。

日本各地において、地域の特色を活かした独自のガストロノミーツーリズムの促進が必要だ。その一つが、地域の料理人を活かした体験プログラムの創造である。料理人は、料理への思いや地域の食材へのこだわりを伝えることができるだろう。プロの料理人に学べる料理教室は、地域の食文化の魅力を学ぶことができる貴重な体験になる。料理人とともに、市場や生産者を巡るプログラムも人気だ。料理人自らが、旅行者に提供する価値を考え、地域の事業者と連携した食文化体験プログラムを創造すれば、地域のガストロノミーツーリズムの促進を加速することにつながるだろう。

　浅草の「つる次郎」は、店を飛び出し地域の魅力を案内するウォーキングツアーを開始した。つる次郎は、究極の鶏出汁を使ったもんじゃ焼きやお好み焼き、長期熟成肉のステーキなどを提供しており、国内はもちろん、訪日外国人旅行者に大変人気の高い店である。その店主が、浅草エリアを案内する「東京・浅草　ウォーキングツアー＆お好み焼き＋鉄板焼きコース」を始めた。浅草に精通した料理人やスタッフが、東京の浅草寺や仲見

店主が撮影した浅草寺

**浅草つる次郎の
もんじゃ焼き**
（店提供）

世商店街を案内しながら観光客と一緒に巡る。散策の後はお店でお好み焼きと目の前で調理される鉄板焼きを堪能することができる。浅草で人気の料理人から、浅草の歴史や食文化の話、お好み焼きやもんじゃ焼きの話を聞きながら、一緒に散策できるプランは旅行者にとっては特別感のある非日常の体験だ。体験を提供する店側も無理をせず、まずは、曜日や組数を限定し、一人1万円の価格で開始している。

　今後、飲食店や料理人とともに、地域ならではの食文化体験を開発するためには観光関係者の支援が必要である。体験開発のプロセスやノウハウを提供することで、その地域ならではの質の高い食文化体験を創造することができるだろう。ガストロノミー体験の提供は、料理人にとっても、新たな価値を発見する大きな機会である。

3　蔵元の知識を活かした ペアリングメニューの開発

　日本酒は、日本の食文化の歴史において、最も古くから定着しているものの一つであり、「古事記」や、奈良時代の「播磨国風土記」にもその記述

がある。世界における日本酒の人気も高まっており、2021年の国産酒類の輸出額は1100億を突破し10年連続で過去最高額を更新している。日本酒・焼酎・泡盛・ワイン・ウィスキー・ビールなどの醸造所を巡り、お酒を味わい、その土地ならではの郷土料理や伝統文化を楽しむ酒蔵ツーリズムも日本各地域で実施されている。訪日外国人旅行者の増加に伴い、飲食店や宿泊施設での、日本の酒と料理のペアリングメニューの提供も今後増えていくと思われる。ペアリングメニューを考案する際、その土地の蔵元の持つ知識や歴史、杜氏の技術やこだわりを聞き、連携することで、メニューの発想が大きく広がる。

　日本の酒蔵には酒造りの伝統と技術が受け継がれている。一方で、酒蔵は日本酒を生産するための蔵であり、もともと観光目的に造られたものではない。代々受け継がれてきた酒造りと酒蔵を観光資源と捉えれば、酒蔵はガストロノミーツーリズム（酒蔵ツーリズム）において地域の重要な観光資源である。

　灘五郷の酒蔵の一つである「神戸酒心館」は、阪神・淡路大震災を機に観光にも視点を置き、観光客の積極的な受け入れを実施している。酒蔵に併設するレストランでは、「酒蔵レストランで神戸牛の会席料理と日本酒のペアリングディナー（1名2万2500円〜2万7500円／2022年11月現在）」の提

表7·1　ペアリングメニュー例

【ペアリングディナーコース】 神戸灘酒蔵レストランで神戸牛の会席料理と日本酒ペアリングディナー
【コース内容】 神戸牛、地元の食材をふんだんに使ったオリジナル会席料理と日本酒のペアリングを7、5、3種より選択。 お酒が飲めない方はノンアルコールドリンクを提供。 日本酒ペアリング（例）福寿：大吟醸、純米酒 御影郷、蔵直採り純米生酒、純米大吟醸、純米吟醸、蔵出しの酒4種（1名2万2500円〜2万7500円）

（2023年1月時点）

福寿ペアリングメニューの一例 (蔵元提供)

供を開始した。神戸牛や地元の食材をふんだんに使ったオリジナル会席料理も魅力的だが、蔵元ならではの酒の種類と知識で、日本酒のペアリングを提供している。日本酒のペアリングは7、5、3種より選択でき、お酒が飲めない方は、ビネガーなどのノンアルコールを選択できる。感銘を受けるのは、蔵元の持つ豊富な知識と、それぞれの料理に合う厳選された日本酒のアレンジだ。蔵元ならではの酒のこだわりや製造方法を聞きながらペアリングメニューを楽しむ時間は他では経験できない、特別な時間になるだろう（表7·1）。

　併設する酒蔵では、普段の見学では入れない酒蔵の特別見学の提供をしており、ペアリングメニューと組み合わせて、日本酒の伝統や受け継がれてきた技術を体験することもできる。

　旅行会社のアンケート調査によると、観光における酒蔵ツーリズムへの関心は非常に高い。日本各地に存在する蔵元と地域の飲食店や宿泊施設が連携し、地域ならではのペアリングメニューや日本酒の体験プログラムが

ガストロノミー体験として求められている。

4 伝統工芸と美味しい料理の組み合わせ

　食材や料理だけでなく、信楽焼や備前焼などの陶器、南部鉄器などの鉄器、会津漆器や山中漆器などの漆器や若狭塗箸、堺や燕三条の包丁などのように、日本の伝統工芸による食器や調理道具と合わせて食文化を発信していくことにより、各地のガストロノミーツーリズムの観光アトラクションを豊かにすることが可能となる。

　一例をあげると、福島県会津若松市の会津バスでは、会津塗のおちょこと会津木綿のパスケースが付いてくる1日フリー乗車券「おちょこパス」が2000円で販売されている。公共交通であるバスを利用して飲食店を巡ることができ、また40店舗が協力して試飲や割引などの特典も付いている。「マイおちょこ」で日本酒が楽しめ、そのまま旅の土産としても記念になる。

　このような仕掛けができると、旅行者によるガストロノミー体験の楽しみ方が広がり、地域側では関わる産業の担い手が増えることも期待でき、地域経済の活性化にもつながる。

　1994年の酒税法改正により、年間最低製造数量が大きく引き下げられ、全国各地で地ビールが作られるようになったのが第一次ブーム、その後、

1日フリー乗車券
「おちょこパス」
（出典：会津バスホーム
ページより）

2000年代後半に第二次ブーム、2010年代半ばからは第三次ブームと呼ばれ、多くの小規模なビール醸造所が各地で作られている。味や店の雰囲気、クラフトビールに合わせる料理も重要であるが、ここにビールを注ぐ容器も加えてみてはどうだろうか。たとえば、備前焼のタンブラーはきめ細かい泡でビールが美味しいと言われている。備前地域のクラフトビールの店であれば、好みの備前焼を選んで購入し、それをマイタンブラーとして利用して飲め、もちろん土産としても持ち帰れるとすると、備前ならではのガストロノミー体験が成立する。

　また、全国の塗箸の80％以上を占める若狭塗箸であれば、若狭塗箸の研ぎ出し体験だけでなく、制作したマイ箸を使って、市内飲食店を巡り地元の美味しい料理を食べる楽しみも打ち出すことができる。さらに言えば、割り箸を使わずに済むのでSDGsの観点からもアピール度の高いガストロノミー体験になるであろう。さらに若狭塗箸の美しさは、インバウンド客にも喜ばれるアトラクションになる。

　和食器や調理道具であれば、一般の旅行者ではなく、料理人へのアプローチも可能である。たとえば、スペインのサンセバスチャンでの取り組みを手本に2009年から函館で開催されている「世界料理学会」が、有田焼創業400年を記念して2016年に佐賀県有田町で開催された。「器と料理のマリアージュ」をテーマに国内外の料理人が有田に集い、有田が料理人にとって「使いたい器」が手に入るまちとして評価されることをめざしたイベントである。

　有田焼職人と料理人の出会いのために料理人が有田に訪れたくなるような取り組みは、大規模なイベントでなくても可能であるし、有田焼だけでなく各地の陶磁器の産地で実践できるであろう。このような取り組みを通じて、地場産業の振興、伝統工芸品の継承につなげ、地域の食文化を発信していきたい。

5 ローカルフードを発見する 地元食品スーパー

　大手資本による食品スーパーの統合や系列化が進み、残念ながら地方色のあるスーパーが年々少なくなってきている。一方、住民に愛され、利用されている地元資本のスーパーは地域食材の品ぞろえがよく、安価で、総菜コーナーでは郷土色豊かな総菜を販売している店舗が多い。観光客を対象とする土産物店とは違い、住民を普段の顧客ターゲットとしている地方スーパーは、旅行者にとってその土地の食を発見し、味わえる場所として面白い場所である。全国スーパーマーケット協会に加盟する正会員は約300店あり、協会に加盟していないスーパーもあるので、各地に連携できる地元食品スーパーがある。

　福井県高浜町のサニーマートは、そのような地元食品スーパーの一つである。店内は高浜町をはじめ若狭地域や西隣の舞鶴市など地元の旬な農産物や魚介類が並び、見ているだけでも楽しい。特に、高浜魚市場の競りの免許を持っていることから魚介類の鮮度の良さと価格の安さに驚かされる。2021年に開店した海沿いのシーフードマーケット「UMIKARA」内の店舗では、生け簀に入っている魚を網ですくうパフォーマンスから、ワクワク感を演出し、その場でさばいた魚を隣の食堂で食べられる新鮮さが売りである。

　また、「社長のおばあちゃんの味」として店内で作られる手づくりコロッケは、その優しい味が地元で愛され、年間5万個以上を販売する人気商品となっている。全国チェーンの食品スーパーでも、その土地に根づき、受け継がれている総菜を販売しているところはあるが、地元資本の食品スーパーでは、その特色が色濃く出る。地方でも核家族化が進むなか、これまで家庭内で作られてきた郷土料理が途絶えるところ、スーパーがその代わりを担っている一面もあるのではないか。

　また、和菓子や洋菓子など地元の老舗や名店の逸品が並ぶ販売コーナー

店内にある生け簀(いす)から活魚を選ぶ
ことができる

地元で昔から親しまれている
手づくりコロッケ

**福井県高浜町の地元食品スーパー
「サニーマート」**

では、観光客にとって、定番の「お土産」にはなっていないご当地ものを
買える場所にもなっている。

　ところで、観光客にとって、その土地の食材や加工食品を買い求める場
合、今日では圧倒的に「道の駅」の存在が大きい。大型駐車場があるため、

観光バスが停められることはもちろん、個人客でも自動車で立ち寄り、美味しいものを探し求める。道の駅が目的地化しているところも増えてきた。生鮮品が並ぶ「市場」も同様に、地元ならではの食材を購入でき、あるいは食べ歩きができる場所であり、金沢市の近江町市場や京都市の錦市場などは人気の観光スポットとして有名である。

　それらとは違い、「地元食品スーパー」は、あくまでもその土地の住民が毎日買い物をする店である。であるからこそ、観光客がその土地での暮らしを垣間見ることができる場所となる。また、観光地価格の土産物を中心とした道の駅と、普段の食材を買い求めるスーパーでは品ぞろえも異なる。訪れた土地の食文化や生活の様子も体験し、楽しめる場所として、地元食品スーパーはガストロノミー体験のこれからのアトラクションになりうる存在であり、そのためにも、地域ならではの食料品の品ぞろえに期待したい。

　さらに、観光まちづくりのプラットホームにスーパーの経営者を加えることで、観光WEBサイトへの掲載や他の観光施設との連携プロジェクトが生まれ、地元食品スーパーを観光客に知らしめることにつながるだろう。

6 食材集積の景観と鮮度を体感できる卸売市場

　卸売市場は、1999年、2004年、2020年の法改正によって規制緩和が進み、各卸売市場の創意工夫を活かした取り組みが求められるようになった。卸売市場のなかには、施設の老朽化によって再整備が検討されるところも多く、その際に一般客が見学でき、生鮮・加工品を直接購入できる「にぎわい機能」を付加させる動きも出てきている。

　農産物や魚介類の集積地であり、食の拠点として魅力的な卸売市場は、流通機能はもちろんのこと、ガストロノミー体験の重要なアトラクション

としても再生させることが可能である。

　卸売市場として有名な東京都の豊洲市場は、2018年に築地から移転開業した。築地市場の場外市場はそのまま残り、多くの外国人観光客を呼び込むスポットとして、現在も一大観光地である。一方、新市場となった豊洲市場は、本来の生鮮食料品流通の拠点としての機能を保持しつつ、一般消費者が見学できるコースも整備されている。早朝午前5時から、水産物部や青果部の競りを見学することができ、飲食エリアや物販エリアが整備され、飲食も楽しむことができる。なお、豊洲市場に隣接した集客施設「千客万来施設」は、飲食や物販の商業棟と温浴やホテルからなる温浴棟として2024年2月開業予定となっており、卸売市場との相乗効果による集客が期待されている。

　兵庫県西宮市のJR西宮駅南では、2023年度の全体竣工をめざして西宮市卸売市場の再整備事業が行われている。ここは、公設および民設の卸売市場があり、開設から70年以上が経過して施設の老朽化が著しかったことなどから民営化され、新市場としての運営が予定されている。整備基本方針では、食の流通拠点としての卸売の機能を引き続き果たしていく一方で、市場休場日の遊休時間を活用した一般消費者向けファーマーズマーケットなどのイベントや、周辺商業施設と一体となった販売の取り組みなども想定している。

　大阪木津地方卸売市場は、「食い倒れのまち」大阪の台所として300年を超える歴史のある市場である。日本最大級の規模を誇る民間の地方卸売市場として今日まで続き、現在の施設は2010年にリニューアルした。施設内の仲卸の店では、一般の観光客も買い物ができるほか、飲食店や南棟2階にはスーパー銭湯も整備されている。そのほか、毎月第2土曜日と最終土曜日には「木津の朝市」として継続的にイベントが開催されている。料理人も買い出しに来る木津市場は、食材が豊富で、プロ仕様の料理道具もそろっており、観光客にとって大阪の食の魅力を実感できる空間となっている。

以上は、都市部での卸売市場の再整備におけるにぎわい機能の事例であるが、地方の生産市場である卸売市場も観光客の食体験を提供できる施設として活用可能である。

　宮城県にある気仙沼市魚市場は、2011年の東日本大震災で大きな被害を受けたが復興を果たし、その後2019年に高度衛生管理型の新たな市場棟が完成し、総延長853mという巨大な魚市場に生まれ変わった。これまでの施設に加えて、新施設においても見学スペースが充実し、早朝から施

気仙沼市魚市場では水揚げと競りの様子を見学できる

設内の見学通路を歩き、メカジキやカツオなどの水揚げや競りの様子を見ることができる。また、漁船の船員が休む部屋を再現している見学施設や、漁法を知ることができるプロジェクターなど学びの要素もある。卸売市場が生産現場を体験するアトラクションにもなった好例である。

　このように、圧倒的なボリュームと鮮度抜群の卸売市場は、ガストロノミーツーリズムにおける訪問先の拠点として、これからさらに注目すべき施設である。

参考文献

会津バス HP、https://www.aizubus.com/sightseeing/bus/ochoko-pass
大阪木津卸売市場 HP、https://kizu-ichiba.com/
気仙沼市魚市場 HP、https://kesennuma-uoichiba.jp/
佐賀県 HP、ARITA EPISODE2「国内外のトップシェフが有田に集う――世界料理学会 in ARITA 開催」、http://arita-episode2.jp/ja/topics/021.html
全国スーパーマーケット協会 HP、http://www.super.or.jp/
豊洲市場協会 HP「ザ・豊洲市場」、https://www.toyosu-market.or.jp/
西宮市 HP「西宮市卸売市場再生整備事業について」
　　https://www.nishi.or.jp/shisei/seisaku/sangyoshinko/20180614.html

8章

ガストロノミーツーリズムと
まちづくりのツボ

ガストロノミックな地域とは、美味しいレストランや老舗レストランが多くあり、有名な特産品や料理があり、よく知られたフードフェスティバルがあるだけの都市や地域ではない。そこに住む人たちとそこを訪れる旅行者がともに安心して外食を楽しめる飲食街、広場、路地などがあり、市場には新鮮な有機野菜や近海の海産物が豊富に並び、フードフェスティバルで町の人々が飲食を楽しむ風景のある場所を指すと言える。ガストロミックな地域には、そこに住む人たちの自慢と誇りがあり、地域ブランドとしても持続可能性が高く、長年にわたって地元に愛され続けた飲食店やレストランが必ずある。

　本章に紹介したいくつかのガストロノミックな地域には、「食べ物」と「飲み物」を楽しむ人々の「宴会空間」に満ちている。しかし、それはもちろん偶然にそうなったのではない。生産者、食品加工、料理人、給仕人、飲食店経営者、フードプロデューサーとそれを支える住民の「美味しさ」を探求し追求するガストロノミーが原動力となっているからである。

　本章で取り上げるいくつかの事例は、ガストロノミーツーリズムの「ツボ」を紹介するものである。古代ギリシャに生まれたとされるガストロノミーという言葉（「言葉」は古代ギリシャ語でロゴス）というが、そのロゴスは辞書によると「宇宙万物の変化流転する間に存在する調和・秩序の根本原理として理法」（大辞林）とある。ガストロノミーというロゴスもまた、私たちの生活の調和・秩序を意味するものであり、古代ギリシャ人のアルケストラトスは旅という特別な場所において、生活の調和を求めたのであろう。

1　水産の町のフードフェスティバル

2011年3月11日の東日本大震災の1か月後、青森県八戸市内に水産加工

の4人、漁協組合、そして広告代理店の6人の男女が集まった。手元には
すでに、3月31日付けの企画書が出来上がっていた。三陸沖の海底を震源
とする想像を絶する大津波により、港湾沿いにある彼らの勤務先はいずれ
も2階まで冠水し、加工の機械もやられていたが、八戸市民自体の被害は、
以南の岩手県、宮城県、福島県の長大な海岸線の町々の甚大な被害に比較
すると、幸い軽微とさえ言えた。

　古川篤と早川昌幸の両氏へのヒアリング（2015年2月）によると企画書の
プロジェクトの事業趣旨はすでに決まっていた。「水産の価値を高める」
ことを目的に、企業の枠を超えて、水産加工品の販売とイベントを通じ、
当初は会社に貢献することであった。モノありきではなく、ヒト・体験・
事象をつなげる仕掛けづくり、内向きの活動に力点を置くこととひそかに
決めていた。

　メンバーは東京からのUターンや弘前から妻の実家の八戸へ転居して
きたものなど境遇は異なっていたが、八戸の将来に向けた水産の価値を見
出したいという思いは共通していた。そのためにすべきことは、地元の人
たちの「熱」にあるのではないか。八戸は地域によって文化が違う。かっ
て漁村だった鮫村と湊町地区、城下町だった中心市街地区、そして農村の
南郷地区、三つの文化の人々を一つの方向に向ける必要がある。こうして、
「八戸ハマリレーションズ」プロジェクトがスタートした。

　まず、魚食がすたれているのではないかというメンバー共通の疑問があ
り、子どもの小さい20〜30歳代のママ世代を対象に「ハマの親子料理教
室」と称して調査を始めた。料理教室でのアンケート調査の結果、意外な
ことに「8割近くが地元の魚が好きで、自分でもさばく」という結果が出
たが、「自分でさばく」とはどうも切り身魚を焼くことのようだった。好
きな地元の魚は「マグロ、サーモン、ホッケ」だったが、これらはすべて
地域外から入る魚であり、八戸港に揚がる魚ではなかった。八戸港に揚が
るのは、イカ、サバが8割を占めた。そこで、実体験が一番と、八戸に揚
がる600種類の海産物を体験してもらった。

そのとき、イベントのテーマとなる「ブイヤベース」を思いついた。ブイヤベースは誰でもが知っている料理ではあるが、実際に、ブイヤベースを食べた経験のある人はあまりいない。知名度はあるが、中味は知らない。準備と料理に手間と時間がかかるし、使う魚介の種類も多いからだ。しかし、スープには八戸港にふんだんに揚がる小魚が使える。

　八戸市内の洋食レストランのシェフの反応は良かった。フレンチやイタリアンの店には同世代の料理人が多かった。プロジェクトチームもシェフたちも行動は早かった。自分たちが行きたい店に声をかけ、個別に訪問した。こうして、翌年の2012年2月15日〜3月末日に「八戸ブイヤベースフェスタ」は、八戸市内の12のレストランで開催された。

　八戸ならではのブイヤベースには二つのルールがある。「八戸産の魚介を最低4種類以上使い、野菜類も地元産にこだわる」と「まずはスープと具材で、八戸の魚介のおいしさをたっぷり味わう。次に、各店シェフが趣向を凝らした、魚介の旨味たっぷりのスープを使った締めのひと皿をたのしむ」の二つをオフィシャルな認定条件とした。

　参加者は第1回の2012年が5500人、2013年6500人、2014年7500人、

ブイヤベースフェスティバルのパンフレットと提供されているブイヤベースの一例
水産のまち八戸は城下町でもあり文化の香りも高い。B級グルメの八戸せんべい汁とともに、おしゃれなブイヤベースも似合う

2015年8500人と順調に増え、1回目は8割が市内および周辺から、1割が青森県内、1割が県外からの参加であった。年齢層は1回、2回目が20〜30代の熱心なお客と口コミでの中年層、3回目からは40〜50代の新規客が増え、4回目ではそれまでのリピーターが半分を占めている。4回目からは八戸市観光協会も冬の観光イベントとして扱ってくれ、今や八戸を代表するその年の豊作を祈願するための祭り「八戸えんぶり」と並ぶ2大イベントにまで成長した。「八戸ハマリレーションズ」のミッションは、八戸の水産品の価値を高めていき「世界で一番・地元の魚を愛する人たちが住む街"八戸"」の実現である。

　フードフェスティバルはガストロノミーツーリズムの代表的な観光商品であるが、「八戸ブイヤベースフェスタ」は水産関係者のわずか6人がそのプロジェクトを企画し、実践し、10年間継続してきた。これほどのガストロノミーツーリズムのグッドプラクティスは、まれである。

◆まちづくりのツボ

- ◉主力メンバーには地元の人と県内からの移住者やUターン組とともに水産関係者以外のウェブデザイナーも加わり、人材の多様性が生かされている。
- ◉事業を企画するにあたり、事前に市内の若い主婦を対象にした料理教室でアンケート調査を実施し、ゴールへの課題設定がしっかりと行われている。
- ◉フェスティバルのテーマに、誰でもが知っているが実際に食べた経験のない「ブイヤベース」を選んだプロセスが消費者からみても単純明快で共感が得られやすい。
- ◉比較的若手の、企画者と同世代でもある西洋料理シェフたちとの直接の連携が機動性にもつながり、スピーディーに企画が進

み、プロジェクトの成功の大きな要因になっている。

◉ テーマであるブイヤベース料理の条件に二つのルールを設け、料理人（お店）のオリジナリティとイベントの開催趣旨の差別化を両立させて、フェスティバル自体を「水産の町八戸」に強力に結びつけ、B級グルメ「八戸せんべい汁」とはまったく異なるガストロノミーを誕生させた。

◉ イベント後の参加者調査が毎回なされており、次回の戦略立案へつなげ、顧客の地域的な拡大に成功している。

◉ 市民グループがスタートさせたフードフェスティバルが、わずか2〜3年の実績により八戸市観光協会（DMO）の公認イベントとして定着し、2月の「八戸えんぶり」と並ぶイベントとなった。

2 食の遺産を伝える フードミュージアム

　21世紀に入って、世界各地で食文化の博物館とも言えるフードミュージアムが相次いで創設されている。従来、「食」をテーマとするミュージ

杭州料理博物館
当時の露店や民家での食の風景が再現されている（2018）

ニューヨークの MOFAD（フード＆
ドリンクミュージアム）
企画展示と料理が楽しめる（2018）

イタリアのイータリー・トリノ本店
食品の陳列がミュージアムそのもので、料
理も楽しめる（2015）

アムは世界にも数えるほどしかなかったが、ガストロノミーがフランス料
理を意味する時代が終わり、各国・各地方がそれぞれのガストロノミーを
主張し始めたからである。

　たとえば、2012年にオープンした中国杭州市の「杭州料理博物館」は中
国八大料理（山東、江蘇、浙江（杭州）、安徽、福建、広東、湖南、四川）の一つ
の杭州料理を展示したフードミュージアムである。中国の人に聞くと、中
国では八大料理が国内で覇を競っているという。その最新の展示施設と施
設内の三つのレストランは英国メディアのBBCが絶賛したほどである
（BBC News, 31 Jan. 2014）。

　また近年、世界の美食家が注目する南米ペルーには「ペルーガストロノ
ミーミュージアム」（2011）がある。米国を代表するグルメ都市のニューオ
リンズには「南部フード＆ビバレッジミュージアム」（2008）があり、古代
食文化の発祥の地ギリシャの首都アテネには古代の調理器具・食器を中心
とした「ガストロノミーミュージアム」（2014）、東欧のチェコにはプラハ・
ガストロノミーミュージアム」（2012）、またグローバル食品企業のネスレ
本社のあるスイスのヴヴェイには同社の創業100年を記念して「アリメン
タリウム（フードミュージアム）」が2016年にオープンした。

　ニューヨーク市のブルックリン区には非営利団体の運営する「MOFAD

（ミュージアムオブフードアンドドリンク）」（2015）が定期的な特別展でユニークな活動を展開し、イタリアにおいては、世界の主要都市に進出しているイタリア食品の殿堂とも言えるイータリーが、美食の街ボローニャ郊外に「FICO イータリー・ワールド」（2017）を開業して〈イタリア食文化のテーマパーク〉と呼ばれているほどの規模を誇っている。ロンドンには観光名所のボローマーケットに「英国フードミュージアム」（2015）がオープンしている。

　国や地域、都市の食文化のアイデンティティを高め、世界に向けて発信し、食育や観光にも貢献できるこうした「食文化ミュージアム」は世界で今後さらに増えるであろう。そうしたなかで、多くの外国人観光客が和食を楽しみ、また、海外で和食レストランが破竹の勢いで展開されているにもかかわらず、日本の食文化の本格的なミュージアムがないのは残念である。日本には、しいて言えば「新横浜ラーメンミュージアム」（横浜市）、「御食国若狭おばま食文化館」（福井県小浜市）、「京の食文化ミュージアム」（京都市）などがあるが、展示や特別企画の面では及ばない。

　観光客は旅行中、1日に3度の食事を体験し、インバウンド客の多くは本場の日本料理を楽しみにしている。特に関心の高い外国人に対して私たちは日本の食文化を十分説明できているだろうか。食文化の理解に食べたり飲んだりする体験はもちろん重要であるが、文化として理解してもらうには「知識」が必要である。飲食店で給仕する人の説明やお品書きは重要であるが、限界がある。その点、食文化ミュージアムはその国や地域の料理の歴史と生産、流通、食材、調理、メニュー、栄養、特徴などを短時間でビジュアルに知ることができる。

　日本において和食が文化であり遺産であると認識され始めたのは比較的最近のことである。都市や地域の観光戦略になぜ「食」が重要であるのかは、「食」が観光だけでなく、ライフスタイル、健康、アイデンティティ、持続可能性、食糧問題など、社会・文化・経済において重要な役割を持つからである。

わが国には日本料理を体系的に網羅して展示したミュージアムはないと言ってもよい。「天下の台所」「食い倒れのまち」と呼ばれる大阪に、なぜ、「日本の食文化ミュージアム」が計画されないのであろうか。2017年に出版された『大阪料理』(監修：大阪料理会)は、「関西割烹を生み出した味と食文化」を戦前〜昭和〜平成の大阪料理100選の網羅により編集しているが、その第1章の冒頭に「日本料理　難波に発す」と書かれている。大阪は歴史的にも、日本料理のセンターである。

京都、大阪、金沢そして東京などは、街そのものがフードミュージアムだという見方もあろう。しかし、無形である食文化は消えやすい。外国人観光客のためだけでなく、日本の次世代のためにも私たちの食文化を学び、知り、体験できる場が必要である。国際観光競争が激化するなか、日本人が築いてきた日本料理の集大成は観光戦略としても重要である。

まちづくりのツボ

- ◉毎日の食習慣がベースとなっている「食文化」は時代の移り変わりのなかで比較的保守的であるとされているが、一方でグローバル化と食品の工業化のすさまじい今日にあって、食生活の変遷のスピードは速い。
- ◉都市や地方に連綿と受け継がれてきた食文化は、生産と料理と共同体が築き上げてきた遺産である。「君が食べているものを言ってみたまえ。君がどんな人間であるかを当てて見せよう」。ブリア・サヴァランのこの警句は地域や国にも当てはまる。私たちが何を食べてきたかを知ることは、私たちがどんな人間であるかを知るうえでも必要である。
- ◉日本人が太古から今日まで、何をどう調理して、どんな食べものや飲みものを食し、何を思いながら四季ごとの料理を食して

命を育んできたかを知り、後世に伝え、外国人に知ってもらう
必要はないのだろうか。

3 地方料亭のニューカルチャー

　料亭は、一般には婚礼や法事、会合の場として利用されているが、江戸
中期から昭和の時代まで連綿と続いた日本の「社交文化」を象徴する一つ
の「場」であることはよく知られている。特に、明治維新以降の近代には、
主に軍閥、財閥、政界、文化人、組織団体の会談の場としての役割が中心
であり、男性社会の娯楽の場でもあった。したがって、平成から令和の今
日の日本において料亭体験をした人はそう多くはないだろう。

　料亭とは「主に日本料理を供する料理屋」（大辞林）の意味にもかかわら
ず、現代社会から見ると歴史遺産的なイメージが強く漂っている。新聞の
社会面にも「昔は料亭　いまホテル　夜の政治の舞台　様変わり」の活字が
躍る（2016年11月26日朝日新聞朝刊）。総務省が発表した政治資金収支報告
書から、閣僚らの交際費や会議費の支払先が料亭からホテルへ移っている
ことを報じた記事である。都心の霞が関界隈の現象であるとはいえ、料亭
文化の衰退は地方都市にも及び、コロナ・パンデミックが追い打ちをかけ、
楽観できない状況にある。

　日本文化研究家の葛城三千子は、著書『日本の料亭紀行』（2011）でこう
述べている。

　　「地方都市に昔からある料亭は、歴史の生き証人のような要素もあっ
　　て、建物自体や立地、あるいは所蔵されている掛け軸や器などの美
　　術品が、歴史や文学を知る手がかりともなるし、おかみさんや仲居

さんたちの服装、使われている方言は、その地方独自の文化を直接
伝えてくれる。言わば料亭とは今や急速に失われつつある日本の伝
統文化の宝庫のようなものである。美味を楽しみながら、まがい物
でなく、日本の正統的な文化を一度に、しかもこんなにまでたやす
く体験できる場というのは、他にそうざらにあるとは思えない」

この一文に、遺産としての料亭の文化的価値が言い尽くされている。

葛城が紹介した日本各地の料亭の基準は一戸建ての建築であり庭がある、
個室の座敷、コース料理、その地方の老舗であることとあり、著者が訪れ
た料亭の数は236軒であるが（2011年）、これがすべてではなく、まだ訪れ
ていない名料亭も多いという。

全国の「料亭」を踏査した貴重な本書の圧巻は「おわりに」にあった。そ
れは大阪高麗橋の吉兆本店でコース料理の終章にさしかかったとき、彼女
のうちで能「砧」の一節の謡の声が滔々と流れ始めたというのである。料
亭体験が謡の声をよみがえらせるという体験は、そのときの彼女にだけ生
じた現象であろうが、料亭という場において無形の謡に込められた日本
人の精神がその場とともによみがえったというべきであろう。

老舗料亭は江戸、明治、大正、昭和の「歴史の生き証人」であり、建築、
庭、料理、もてなし、調度品、着物、芸事、美術品の「日本の伝統文化の
宝庫」である。つまり、日本の総合的文化遺産である。

地方の創業100年を越す老舗料亭が料亭文化の継承と誘客に取り組もう
と「百年料亭ネットワーク」が2017年に設立された。発起人である新潟県
上越市「料亭宇喜世」の経営者大島誠が事務局長に就任し、現在、26軒の
料亭で文化庁の文化認定事業などに取り組んでいる。全国規模で、料亭文
化の継承と保存を呼びかけている唯一の団体と言えよう。

東京や大阪の大都市圏ではこの30年間で少なからぬ料亭がホテル、高
層マンションへと姿を変えた。地方都市においても、料亭の存続は同様の
危機にある。

「百年料亭ネットワーク」の一つ新潟県
上越市の「料亭宇喜世」

料亭ならではのモニターツアー

（出典：左右とも百年料亭ネットワーク提供）

　伝統的建造物群保存地区にも選定されている愛知県豊田市足助町では大正の元料亭であった「寿ゞ家」を、クラウドファンディングにより547万円の支援を受けて催事や交流の場としてよみがえらせた（2018年10月）。大阪市では旧遊郭の元料亭の面影を残す「鯛よし百番」が同様にクラウドファンディングにより写真集制作プロジェクトに380万円、建物内の修復プロジェクトに1884万円を集めた（2021年）。また、百年料亭ネットワークの事務局を務める大島誠の経営する「料亭宇喜世」（上越市）はコロナ禍に対応した小部屋等改装工事費に、やはりクラウドファンディングにより目標の860万円を超える1136万円の市民の支援を得ている。いずれも、地元を中心とした市民の文化遺産保存への熱い思いの成果である。

　北前船の湊町として知られる山形県酒田市には2軒の料亭が、それぞれ観光施設として利用されている。1808年に開業した料亭「相馬屋」は酒田市に本社のある平田牧場が「舞娘茶屋相馬楼」として運営しており舞妓の舞踊や料理を体験できる。1895年に建てられた料亭の「山王くらぶ」は酒田市の市営ミュージアムとして、食文化の展示などが充実している。金沢市や新潟市では、やはり観光客対象に料亭の料理や芸妓による体験プログラムが企画され、気軽に料亭体験が可能である。

しかし、なお、現実に全国の料亭は危機にある。直木賞作家の松井今朝子の作品に江戸時代を代表する料亭「八百膳」の主人、福田屋善四郎を描いた『料理通異聞』がある。そこに出てくる逸話「一両二分の茶漬け」は茶漬けのお代が現在の価値に換算して1人当たり数万円したというものであるが、この実話には料亭に新しい文化を創り出すヒントがあるように思われる。善四郎が生涯をかけて精進したのは美味道とでも言うべき、今風に言えばオーナーシェフのガストロノミーの追求であった。現代において、衆目を引きつけるガストロノミーを極めることが求められるということであろうか。

京都の女子大生に料亭のイメージを尋ねたところ、ずばり「敷居が高い」「高価である」であった。伝統を保全しつつ、次世代に向けたニューカルチャーを生み出そうとする料亭のイノベーションへの取り組みが各地で始まっている。料亭における新しい文化の創造は、日本のガストロノミーツーリズムの重要な課題でもある。

◈ まちづくりのツボ

- ◉ 東京、大阪の歴史的な料亭の多くが近年、ホテルやマンションに変わったとはいえ、地方都市には料亭の伝統的な建造物と文化が遺されている。日本の独自な建造物と文化をこれ以上消滅させてはならない。
- ◉ インバウンド戦略の一環としても、料亭には日本文化のエッセンスが豊富にある。料亭の維持には建物の保存と料理や接遇の人材育成が要となるため、地域ぐるみの、あるいは国が関与する方策が必要であろう。
- ◉ 料亭文化そのものの維持に向けて努力することも必要だが、料亭の建築空間にニューカルチャーを創造し、料亭とともにある

記憶を体験することが求められる。

金沢市に学ぶガストロノミー開発

　金沢市が国際メディアから美食都市の評価を受けることはほとんどなかったと言ってよい。世界の美食ランキングに登場するアジアの都市は香港、シンガポール、バンコック、台北、広州、ムンバイなどで、日本からは東京を筆頭に、大阪と京都、まれに福岡が出てくるが、金沢が世界のランキングに入ることはない。しかし、日本の都市のなかでは金沢が有数の美食都市であり、しかも日本を代表する美食都市であるのではないかと多くの日本人が認めているのではないだろうか。

　金沢は1583年の前田利家の金沢城入城以来、江戸時代には最大の藩、加賀百万石の城下町として繁栄し、明治時代に入ってからは伝統工芸とともに繊維産業などの近代工業を発達させ、日本海沿岸を代表する都市となった。第二次世界大戦中は米軍の空襲を免れ、戦後は地場産業、IT産業と観光産業を基軸に人口46万人の国際都市となった。国際都市である根拠として、ユネスコ創造都市ネットワークのクラフト部門に加盟していることもあげられる。

　2015年3月の北陸新幹線の開通後は国内外からの観光客により以前にもましてにぎわいが増している。金沢の「食」のシンボル的存在となっている1721年創業の近江町市場は300年続いているが、食品流通の近代化に対応すべく1966年からは西念町に新設された金沢市中央卸売市場においてセリが行われており、市民の台所と言われてきた近江町市場は同時に近江町市場商店街振興組合を設立して、小売市場として機能している。近江町市場は、建物の老朽化にともない、周辺ビルとともに2007年から再開発

事業が始まり、2009年4月には「近江町いちば館」も完成した。その後、商業施設の他、駐車場、イートインスペースやキッチンスタジオを設けた交流拠点施設などの新たな複合商業施設が2020年4月に開業し、首都圏からの観光客急増に対応している。

　近江町市場に毎日集荷される日本海沿岸域の海の幸と近郊の加賀野菜が、金沢の代表的な日本料理の「にぎり寿司」や「懐石料理」の質を高めているのは間違いないが、食材の新鮮さだけでなく、加賀料理に代表される伝統的な料理術の継承の果たす役割も大きい。また私たちが美食都市金沢を体験できるのは、金沢の町並み景観によるところが大きいことは誰しもが感じることである。

　日本における歴史的町並み景観保存の歴史は、1966年の「古都保存法」の制定にさかのぼるが、「古都保存法」に定義された「古都」とはわが国の都であった奈良・京都・鎌倉を指し、金沢は対象外であった。歴史的景観の保護に危機感を持った金沢市は、1968年4月に早くも独自に「金沢市伝統環境保存条例」を制定し、施行した。

　文化庁は1975年、文化財保護法を改正して、市町村の歴史的な集落・町並みの保存を支援するため「伝統的建造物群保存地区制度」を発足させるが、金沢市は、1977年に「金沢市伝統的建造物群保存地区保存条例」を制定し、次いで1994年に「金沢市こまちなみ保存条例」を独自に制定した。「こまちなみ」とは、金沢市内の歴史的な価値を有する武家屋敷、町家、寺院その他の建造物またはこれらの様式を継承した建造物が集積し、歴史的な特色を残す町並みを指した。金沢の遺産である「こまちなみ」を市民とともに保存育成し、金沢の個性をさらに磨き高めることを目的とするものであった。

　2007年度には「金澤町家継承・利用活性化基本計画」を策定し、戸々の金澤町家を維持、継承することにより伝統的な町並みを保存するとともに、積極的に利用することで維持、再生を図り、個性豊かで魅力あるまちづくりを推進した。金澤町家とは①町家　都市住宅、②武士住宅、③近代和風

町並み・景観・料亭の建物保存・食文化の継承など複数の条例による基盤づくり

図8・1　金沢市の条例を中心としたガストロノミー戦略

住宅を指し、2010年度に町家再生活用事業を創設し、金澤町家の保全、活用に取り組む所有者等に対して財政的支援を行っている。

　このように、金沢市は歴史的町並み景観の保存を周到に実施していくが、2009年には「金沢市における美しい景観のまちづくりに関する条例」を策定した。その基本理念は、〈郷土に対する誇りと愛着を持つこと〉〈地域の自然、歴史、文化等と人々の生活、経済活動等との調和〉および〈市、市民及び事業者がそれぞれの役割を認識し、相互の理解と連携のもとに、協働して行われなければならない〉ことを明確に目的として定めたものである。

　2010年には「金沢のもてなしの伝統文化資産保存活用奨励金制度（金沢の料亭事業補助金）」が導入され、この「料亭事業補助金」では、築100年以上の料亭、和風旅館が現在も毎年、保存活用奨励金の対象となっている。2013年には「金沢の食文化の継承及び振興に関する条例」が制定された。

ここで「金沢の食文化」とは、「金沢の食及びこれに係る調理法、食器、作法、しつらえ、料亭等に関する金沢固有の文化」を指し、条例の目的は、「藩政時代から培われ、市民の食習慣として生活に深く溶け込み、特有の発展を続けてきた金沢の食文化の継承及び振興について、市民、事業者及び市の役割を明らかにする」ことにある。また、「金沢の食」とは「加賀野菜その他の農産物、海産物等の食材、清酒、茶、菓子及び調味料で本市において生産、加工等をされたもの並びにこれらを利用した加賀料理、じわもん料理等の料理をいう」と定義されている。

　以上のように、金沢市は景観環境保全と食文化の継承の制度を並行して構築してきた。この70余年を振り返ると、そうした施策が、結果として相互に作用し、現在の美食都市金沢の基盤になっていることが分かる。

　もちろん、制度以外にも、金沢市民や関係団体はいくつもの食文化に関わる活動を行ってきた。たとえば、金沢商工会議所は、1985年に青年会議所の発案により「フードピア金沢」を催し、そのフードフェスティバルを翌年から石川県に拡大して、石川の冬を彩る食のイベント「フードピア金沢」の名称で開催している。イベントの内容は東京や地元の著名人が石川の食文化を語る「食談」をメインイベントとして始めてきたが、2015年からは「金澤老舗よもやま話」として市内の有名料亭の主人による談義と料理を中心に、茶屋街でお座敷文化を楽しむ「雪見のうたげ」、ガイドツアーの「金澤町家“食”めぐり」と各種協賛イベントとあわせ、毎年の参加者数は約4万人を数えている。

　金沢には、ハントンライスをはじめとして、金沢おでん、金沢カレー、金沢ラーメン、メロンパン、金沢の回転すし、めった汁など、いわゆるB級グルメがやたらと多い。これらは、金沢市民の「食」へのシビックプライドの表れと見ることができる。加賀料理と歴史的景観に支えられた市民の味覚への矜持が、多くのB級グルメを生み出したというべきであろう。

　金沢市のガストロノミーによるまちづくりは、近代の生産、流通、料理、建造物、伝統文化と数々の制度によって市民がダイナミックに共創するこ

とにより推進されてきた。美食都市金沢に、学ぶべきことは多い。

◆まちづくりのツボ

◎ 金沢市は食品流通の近代化に対応すべく 1965 年に 300 年の歴史の近江町市場に近江町市場商店街振興組合を設立して消費市場（小売市場）とした。

◎ 1966 年に政府は「古都保存法」を制定したが、金沢は対象外であったため、金沢市は独自に「金沢市伝統環境保存条例」を 1968 年 4 月に制定した。

◎ 1985 年に青年会議所の発案により金沢を代表するフードフェスティバル「フードピア金沢」が始まった。

◎ 2013 年には「金沢の食文化の継承及び振興に関する条例」が制定され、加賀料理の継承と歴史的建造物の保存とが一体化し、世界でもまれな美食都市となった。

5 生産者の「物語」が主役：かみかわフードツーリズム

　北海道行政は、明治時代に配置された「支庁」にルーツを持つ14の行政区分である「総合振興局・振興局」に分かれている。そのうちの旭川市を中心にした上川総合振興局は北海道の中央部に位置し、東は北見山地と日高山脈、西は天塩山地と夕張山地にはさまれた南北に細長く広がる地域である。4市17町2村からなり総人口23万5000人、総面積は青森県、岐阜県、鹿児島県などに匹敵する面積を有する。

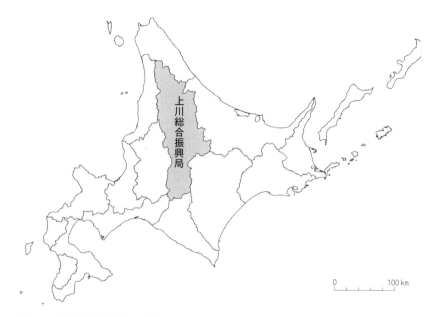

図8·2　上川総合振興局の区域

　この上川総合振興局の商工労働観光課食・観光戦略室では「フードツーリズム」の概念に基づき、2010年に域内の生産農家、食品開発者を紹介する「かみかわ食べものがたり」プロジェクトを開始した。並行して、2013年にはブランド力向上のワークショップとプロモーションを管内の関係者に対して実施している。

　2015年度からは、上川の「食」を観光資源として誘客につなげていくため、それら「かみかわ食べものがたり」を味わえる店舗などを掲載したエリアマップを作成して観光誘客に向けた発信を強化し、2018年までに管内の「食」に関わる136の事業者を、専用のホームページと印刷物により広報してきた。

　100篇以上の「食べものがたり」と3地域のマップ「美味っぷ」によって構成される「かみかわフードツーリズム」は、上川エリアの「生産者」と「食文化」——加工、料理、景観、サービス、体験、アートなど——の観

かみかわ食べものがたり
登場する100篇以上の生産者や事業者の物語は、マップの「美味っぷ」とともにガストロノミー体験のバイブルとなっている

光素材を組み合わせた「食を楽しむ旅」となり、重要な観光促進ツールとなっている。とりわけこのプロジェクトの強みは北海道の風土ならではの「かみかわ食べものがたり」に描かれた生産者・食品開発者・料理人たちの圧倒的な生きざまにある。上川エリアで生産される農産物、酪農製品、水産物、発酵醸造、ジビエ、飲料食品、お菓子など「食」に関わる人たちの「作り手にしかわからない、知られざる物語」が克明に記され、そこにはまさに美味しさへの情熱——ガストロノミーがあふれている。

　こうした「食文化」をテーマとした観光促進は欧米では「フードトレイル」[注1]と呼ばれ、ガストロノミーツーリズムの代表的な観光商品として広く開発されている。「かみかわフードツーリズム」マップは、北部・中部・南部と3地域に分けられ、「美味っぷ北」（士別市・名寄市と他6町1村）、「美味っぷ央」（旭川市と他7町）、「美味っぷ南」（富良野市と他4町1村）からなる。

上川総合振興局では、2015年〜2018年に、ステークホルダーを対象とした「フードツーリズムワークショップ」を開催して地域のネットワークの構築を推進してきた。ワークショップの目的は上川管内の生産者・加工事業者とレストラン・宿泊事業者等と観光事業者をつなぐネットワークを広げ、ここでしか食べられないもの、わざわざ訪れたいレストラン、生産現場の体験、生産者と交流できる観光プログラムの創出であり、新たな事業展開と活動主体の創出をめざしている。生産者と料理人が余すところなく語られる食のストーリーは国内観光客のみならず、インバウンド旅行者への販売ツールになると思われる。"KAMIKAWA"のブランド戦略を関係者がどう推進し、観光活性化に結びつけることができるかが今後の課題でもある。

◆まちづくりのツボ

- ◉ 上川総合振興局は生産農家、食品事業者、飲食サービス業者を紹介するプロジェクト「かみかわ食べものがたり」を立ち上げ、10年を費やして100篇以上の食に関わる物語を観光資源とした。
- ◉「作り手にしかわからない、知られざる物語」には上川地域の「食」の魅力が余すところなく描かれ、上川のガストロノミー体験を生み出している。
- ◉ 食に関わる人たちの感動的な物語となった「食べものがたり」を管内3地域のマップに落とし込んだ「美味っぷ」との組み合わせにより、「かみかわフードツーリズム」は欧米に事例が多く見られる「フードトレイル」を形成している。
- ◉ 総合振興局により逐次開催されている地区ごとのワークショップが、ガストトロノミーツーリズムを実践に向けて強化している。

6 発酵ツーリズムと微生物テロワール

　発酵は古来より、世界各地で食物の保存と調理に応用され、また、アルコール飲料の醸造方法として利用されてきた。とりわけ、カビ、酵母、細菌などの微生物の棲みやすい高温多湿な日本の気候と風土は発酵に適し、農産物や海産物の豊富さと相まって伝統的に豊かな発酵食品が作られてきた。

　発酵食品には味噌、醤油、酢などの調味料に加え、納豆、漬物、(韓国の)キムチに加え、日本酒や焼酎、泡盛、どぶろくなどのアルコール飲料のすべてが含まれ、さらに西洋に由来するピクルス、パン、チーズ、ワイン、ビール、ウイスキーなども発酵食品である。それらの多くは日常の食生活に欠かせないものであると同時に、歴史的に地域で製造されてきた。こうじ屋、味噌蔵、醤油蔵、酒蔵はもとより、西洋系の発酵食品であるパン工房、ブリュワリー、ワイナリー、チーズ工房、ヨーグルトなども含まれ、それらの多くは地方の町の風景ともなっている。したがって、そうした発酵食品の作られる場所は地域資源であると言え、発酵の場所を巡る発酵ツーリズムという観光のジャンルが生まれた。新型コロナ・パンデミックにより免疫と健康への意識が高まり、微生物と発酵への関心は新しい文化になりつつある。

　発酵ツーリズムとは、地方のまちの発酵事業と風景を訪ね、発酵を身近に感じ、発酵事業に従事する人々の話に耳を傾け、発酵の技術と知恵を学び、発酵の味覚と暮らしに触れ、発酵を体験する観光であると言える。

　観光の視点から見ると、発酵食品事業の多くが産業観光の分野で活用されてきた。1970年の団体旅行の時代から、発酵醸造の現場を見学し、発酵文化を学び、体験する観光は、産業観光の分野に分類されてきた。たとえば、味噌では「八丁味噌の郷」(愛知県岡崎市)、酢では「MIM (ミム) MIZKAN MUSEUM」(愛知県半田市)、日本酒は兵庫県西宮市灘地区の酒

造メーカーなど、全国の酒蔵、ビール工場、漬物工場などがその対象になってきた。

　しかし、それの発酵食品メーカーは団体の受け入れのできる大手・準大手の企業に限られ、企業の社会活動とPRをかねて行われてきた。

　一方、和食離れの進むなか、全国に数多くある小規模の発酵食品事業者はスーパーマーケットでの価格競争に直面し、歴史のある多くの発酵醸造所が消えつつある。地方の食文化は伝統的な地元の味噌・醤油・日本酒などによって伝承されてきたが、地方の醸造所が消えることは、伝統的な食文化にも影響をもたらしている。

　発酵食品のうち、観光への活用に最も積極的なのは全国で1371社（国税局、2018年）を数える酒造業界であろう。個々の酒蔵や地区では「酒蔵まつり」をやっていたが、観光庁は国と地域の魅力の発信と地域活性化を目的に酒蔵ツーリズムを「日本酒・焼酎・泡盛・ワイン・ビールなどの酒蔵を巡り、地域の方々と触れ合い、お酒を味わう。そして、そのお酒が育まれた土地を散策しながら、その土地ならではの郷土料理や伝統文化を楽しむ旅行のこと」と定義し、2013年に「酒蔵ツーリズム推進協議会」を発足して観光事業の促進活動を行っている。

　酒蔵ツーリズムはすでに多くの事業例が報告され、2024年末には日本の「伝統的酒造り」がユネスコ無形文化遺産への登録も期待できることから、すでに各地で展開されている発酵ツーリズムが、今後、拡大が期待されるクラフトビールなどとともにガストロノミーツーリズムの活性化につながることが期待される。

　「発酵のまちづくり」に比較的早くに取り組んだのは千葉県神崎町で、2008年に住民により地元の「酒蔵まつり」を発展させた「こうざき発酵の里協議会」が結成されている。また、同年に、秋田県横手市を拠点として「全国発酵のまちづくりネットワーク協議会」が全国の「発酵のまち」と横手市内の発酵食品企業、関係機関により結成され、同地で2008年に「第1回全国発酵食品サミット」が開催された。その後、毎年、ネットワーク協

議会加盟の都市や府県の持ち回りで「発酵食品サミット」が、発酵食品と文化をテーマにして講演会、シンポジウム、セミナー、物産展などのイベントにより開催されている。2022年10月には開催都市が一巡し、再び横手市において行われた。また、近年には全国の府県・市・町や地区での独自の取り組みも数多く実践されている。

　発酵文化は、急ピッチで広がりつつある。コロナ・パンデミック期間中にも、発酵をテーマにした新規事業や商業施設の開設は相次いだ。一例をあげるならば、滋賀県長浜市に2021年12月にオープンした「湖のスコーレ」は、発酵とライフスタイルと観光を融合させた商業施設として注目されている。

　「湖のスコーレ」の核となっているのは奈良市のこだわり雑貨店「くるみ

麹と味噌製造と販売（滋賀県高島市）

味噌蔵（新潟県長岡市）

老舗の鮒ずし（滋賀県高島市）

山間部のクラフトビール醸造（京都府宮津市）

微生物テロワールの里や町は日本には少なくない

の木」（1984年）の創業者として全国に知られる石村由紀子のプロデュースする全国から集められた手づくりの家具、ファッション、生活道具、アンティークが並ぶ空間「ストア」である。来店客を迎え、その周辺に発酵をテーマにした「醸造室」（味噌、甘酒、どぶろく）、「チーズ製造室」「喫茶室」（レストラン）、「発酵スタンド」「体験教室」「図書印刷室」、2階には「ギャラリー」となっており、3階は発酵ビジネスのテナントが入室予定のオフィスフロアである。古い町並みの観光都市——長浜の中心地区の一画を占める「湖のスコーレ」は印象として「発酵」を看板にした施設ではなく、日本のこだわりのクラフトのコレクションの周辺に琵琶湖のローカルな発酵がちりばめられているユニークな空間となっている。発酵のテーマパークという押しつけがましさはまったく感じさせることなく、自然に発酵を見学し、賞味し、体験ができるという趣向になっている。

　発酵文化の潮流が広がるなか、今後、発酵への関心はさらに深まり、消費者は発酵の風景と体験をますます求めるであろう。各地に点在する発酵食品や発酵料理の資源の活用を日本のガストロノミーツーリズムの重要な戦略と捉える必要がある。発酵ツーリズムには酒蔵、焼酎蔵、味噌蔵や醤油蔵、漬物屋、こうじ屋などのフードスケープ（食の景観）やスメルスケープ（においの景観）、そしてフードイベント、ミュージアム、飲食店などが重要なファクターであると思われる。

◆まちづくりのツボ

◎ 多様な微生物による発酵は、「場所の味覚」の重要な要素であり、日本の各地で展開が可能なガストロノミーツーリズム資源である。

◎ 伝統的な発酵醸造所はみそ、醤油、日本酒、酢など全国各地に数多くあるが、食文化の変化や人口減少、工業化の進展により

その軒数は、急速に減少しつつある。味噌蔵、醤油蔵、酒蔵などのまちの遺産が失われつつある。

◉一方で、西洋に発祥した発酵食品であるワイン、チーズ、パン、ビール、ヨーグルトなどの製造所は増加しており、発酵の活用は確実に増え、関連する発酵レストランや発酵食品店も増加の傾向にある。

◉発酵文化の資産（建造物、職人、風景、味覚、料理）を継承するためには「観光」による活用が欠かせない。発酵教室、発酵体験プログラム、発酵レストラン・カフェ、発酵ミュージアム、発酵フェスティバル、発酵食品の通販など、発酵ツーリズムや発酵のまちづくりへの挑戦が、全国の府県・市町村で起こっている。

注

1　「フードトレイル」については本書3章1節（2）「ガストロノミー体験のブランド化──フードトレイル」を参照。

参考文献

大阪料理会監修（2017）『大阪料理』旭屋出版

葛城三千子（2011）『日本の料亭紀行』右文書院

百年料亭ネットワーク事務局『百年料亭 NOW』、https://100nen.info/

松井今朝子（2019）『料理通異聞』幻冬舎時代小説文庫

朝日新聞（大阪版）2016年11月26日朝刊

BBC News：China's new passion for food museums, 31 January 2014, https://www.bbc.com/news/magazine-25960041

あとがき

　欧米では、1990年代後半から相次いで取り組まれたフードツーリズムのイノベーションを経て、21世紀に入り「ガストロノミー」が地域と都市観光の重要な資源であると注目されるようになった。いまでは「ガストロノミーツーリズム」が都市経営戦略の一つとして、観光振興と地域活性化の推進力になっている。

　一方、日本では2022年12月、UNWTO駐日事務所のある奈良で「UNWTOガストロノミーツーリズム世界フォーラム」が開催された。このフォーラムのインパクトが、どの程度これからの日本のツーリズムに影響を及ぼすことになるかは今後の検証が待たれるが、「フードツーリズム」を目にする機会が徐々に増えてきた昨今においてもなお、「ガストロノミーツーリズム」は日本で一般的に知られた呼び方にはなっていない。

　「ガストロノミー」に通じる適切な日本語訳を当てはめることは難しい。日本の食や食文化は、豊かな自然に育まれた海の幸、山の幸、里の幸に恵まれている。各地で伝えられてきた郷土料理や発酵食、海外の食材や食文化をも柔軟に取り込んで独自にアレンジし、発展させてきた「日本の料理」とそのストーリーには、ガストロノミーの要素がふんだんに盛り込まれている。それゆえに、世界中から日本に来る旅行者が、旅先としての日本に最も期待することとして「日本食を食べる」を挙げるのであろう。日本語のUMAMIやDASHIは世界で通用する言葉であり、WASHOKUは美味しさだけでなく健康の面からも世界で注目されている。

　日本、とりわけ食材が豊かな地方の食への期待が大きいにもかかわらず、これまで観光目的地（デスティネーション）で旅行者に提供される日本の食文化の観光アトラクションは乏しく、日本のガストロノミーの優位性は十分に伝えられてこなかった。飲食店や宿泊施設の料理紹介、単品の食材やご当地グルメのブランディング等にとどまり、その土地の食文化の魅力や、

食を中心とした地域の魅力を包括的に提供できている地域は少ない。

　2022年の「UNWTOガストロノミーツーリズム世界フォーラム」では、世界的な観光の回復と変革に向けた取り組みを進める次のステップとして、「持続可能な社会の発展」「価値ある資源としての食材利用」「若手と女性の活躍の推進」「人材育成におけるガストロノミーツーリズムの役割」に着目したセッションが行われた。今後のガストロノミーツーリズムの発展において、これらはいずれも重要なキーワードになる。さらには、ツーリズムに限らず、今後の「食」をめぐる世界の動向に目を向けると、地球温暖化による作物の不作や不漁、世界レベルでの人口爆発、各地で頻発する紛争、あるいは食の流通問題などさまざまな要因によって、安全な食資源の確保と持続可能性が脅かされている。ガストロノミーツーリズムに着目し、地域で取り組むことは、人々のライフスタイルにおける食の持続可能性を考える契機にもなる。国レベルの取り組みだけでなく、観光客の受け入れを通じて、個人や企業・団体、そして地域全体での取り組みが不可欠で、それには、地域における多様な人をつなぐマネジメントの視点が重要となる。

　また、特に日本では、人口減少社会における地方の衰退を産業振興の視点からとらえる必要があり、ガストロノミーツーリズムを通じて、観光関連産業だけでなく、農水産業の振興や六次産業化などによって若者や女性が活躍できる地域づくりにつなげることができる。本書に記載の事例や提案内容が、少しでも各地のガストロノミーツーリズムと地域づくりのヒントにつながれば幸いである。

　最後になりましたが、本書を上梓するにあたり、学芸出版社の前田裕資氏には大変お世話になりました。この場をお借りして深く感謝申し上げます。

2023年6月吉日

高田剛司

◆著者紹介

尾家 建生（おいえ たてお）

平安女学院大学国際観光学部特任教授。
福岡県生まれ。大阪府立大学大学院経済学研究科博士課程修了。専門は観光学。大学卒業後、旅行会社に入社。早期退職後、大阪観光大学観光学部教授、日本フードツーリズム学会初代会長、大阪府立大学観光産業戦略研究所客員研究員、大阪商工会議所ツーリズム振興委員会委員、（公財）堺都市政策研究所専門研究員等を経歴。現在、上記現職とともに発酵ツーリズム研究会代表。著書に編著『これでわかる！着地型観光』（学芸出版社）など。
メールアドレス：oie.tateo@coral.plala.or.jp
執筆担当：はじめに、1章、3章、4章、5章イントロ・第1節・第3節、8章

Oie Tateo

高田 剛司（たかだ たけし）

立命館大学食マネジメント学部教授。
埼玉県生まれ。名古屋大学大学院国際開発研究科博士前期課程修了。技術士（建設部門：都市及び地方計画）。専門は観光まちづくり、産業政策。大学院修了後、㈱地域計画建築研究所（アルパック）に入り、各地の地域活性化に携わる。2020年より現職。（一社）日本観光研究学会理事、（一社）日本計画行政学会常務理事・関西支部長。共著に『これでわかる！着地型観光』、『地域創造のための観光マネジメント講座』（いずれも学芸出版社）、『実践から学ぶ地域活性化』（同友館）など。
執筆担当：2章、5章2節、7章イントロ・4～6節、あとがき

Takada Takeshi

杉山 尚美（すぎやま なおみ）

ガストロノミーツーリズム アドバイザー。
大阪府生まれ。関西学院大学経済学部卒。英国国立ウェールズ大学MBA取得。2000年㈱ぐるなび入社。約2万店の飲食店と関わり、日本の食文化の豊かさを実感。2013年よりインバウンド・海外事業を推進し、2015年執行役員に就任。食におけるインバウンド促進の基盤を創る。2021年楽天グループ㈱にて食文化体験プログラムを創造。現在、ガストロノミーツーリズムの研究・推進活動を個人で始動。（一社）日本フードビジネス国際化協会理事、大学・企業・自治体向けセミナー講師など。
執筆担当：6章、7章1～3節

Sugiyama Naomi

本書の関連情報をお届けします
https://book.gakugei-pub.co.jp/
gakugei-book/9784761528553/

ガストロノミーツーリズム
食文化と観光地域づくり

2023年7月5日　　第1版第1刷発行
2024年6月20日　　第1版第2刷発行

著　　　者　尾家建生・高田剛司・杉山尚美

発　行　者　井口夏実

発　行　所　株式会社 学芸出版社
　　　　　　〒600-8216　京都市下京区木津屋橋通西洞院東入
　　　　　　電話 075-343-0811
　　　　　　http://www.gakugei-pub.jp/
　　　　　　E-mail info@gakugei-pub.jp

編集担当　前田裕資

Ｄ　Ｔ　Ｐ　KOTO DESIGN Inc.　山本剛史・萩野克美
装　　　丁　ym design（見増勇介・早川恵美理）
印　　　刷　イチダ写真製版
製　　　本　新生製本
　　　　　　　　　　　　　　　　　　　　　Printed in Japan

Ⓒ尾家建生・高田剛司・杉山尚美　2023
ISBN978-4-7615-2855-3